Veronika Schuchter

Wahnsinn und Weiblichkeit

Veronika Schuchter

Wahnsinn und Weiblichkeit

Motive in der Literatur von William Shakespeare bis Helmut Krausser

Tectum Verlag

Veronika Schuchter

Wahnsinn und Weiblichkeit.
Motive in der Literatur von William Shakespeare bis Helmut Krausser
ISBN: 978-3-8288-9878-3

Besuchen Sie uns im Internet
www.tectum-verlag.de

Bibliografische Informationen der Deutschen Nationalbibliothek
Die Deutsche Nationalbibliothek verzeichnet diese Publikation in der Deutschen Nationalbibliografie; detaillierte bibliografische Angaben sind im Internet über http://dnb.ddb.de abrufbar.

Danksagung

An dieser Stelle möchte ich allen meinen Dank aussprechen, die mich bei der Entstehung dieser Arbeit unterstützt haben.

Mein besonderer Dank gilt Univ.-Prof. Dr. Stefan Neuhaus von der Universität Innsbruck für die konstruktive Kritik, seine fachlichen Kommentare waren immer eine wertvolle Anregung.

Weiters danke ich meiner Familie, die mich immer unterstützt hat, außerdem meiner Freundin, die wesentlich zur Entstehung dieser Arbeit beigetragen hat.

I. Einleitung

Der Wahnsinn als Politikum, als Instrument der Ab- und Ausgrenzung, wurde von Michel Foucault umfassend dargestellt. Seine Leistungen wurden mittlerweile durch feministische Bewegungen, insbesondere der feministischen Psychiatriekritik aufgegriffen und um eine weibliche Sichtweise erweitert. Der weibliche Wahnsinn vereint zwei der größten Unterdrückten der Geschichte, die Frau und den Wahnsinn. Die Hexe und die Hysterikerin sind wohl die prägnantesten Gesichter des weiblichen Wahnsinns, eines Wahnsinns, der von der patriarchalischen Gesellschaft definiert und konstruiert wird. Die androzentrische Fixierung des Diskurses und damit verbunden die männliche Deutungs- und Normierungshoheit bestimmen einen Wahnsinn, der sich durch die Abweichung von traditionellen Geschlechterrollen und weiblichen Stereotypen definiert, was wiederum zu einer Stereotypisierung der Frau, hier der Wahnsinnigen führt. Der Wahnsinn also nicht als tatsächliche Geisteskrankheit, sondern als Abweichung von der patriarchal-männlich bestimmten Norm, was beide Geschlechter gleichermaßen treffen kann, bei Frauen allerdings stärker auf die Erfüllung geschlechtlicher Stereotype beschränkt ist.

Die Beschäftigung mit dem weiblichen Wahnsinn ist keinesfalls als Herabwürdigung des männlichen Wahnsinns zu sehen. Absurd wäre es auch, eine Aufrechnung der jeweiligen Benachteiligung bestimmter Gruppen betreiben zu wollen, wie es leider in den Medien oft der Fall ist.[1] Aussagen, die über die Wahnsinnige und den Umgang mit ihr gemacht werden, treffen in vielen Fällen genauso auf den wahnsinnigen Mann zu, ohne dass dies jedes Mal extra gekennzeichnet werden müsste. Und wenn von der Unterdrückung der Frau in der Gesellschaft die Rede ist, dann ist damit nicht automatisch die Unterdrückung der Frau durch den Mann gemeint; die Gesellschaft setzt sich aus Männern und Frauen zusammen und auch letztere tragen zum Teil die Ausgrenzung und Stereotypisierung der sozialen Gruppe *Frau* mit. Dies soll jedoch nicht davon ablenken, dass Frauen über Jahrtausende hinweg aus dem öffentlichen Diskurs ausgeschlossen wurden, zum Nutzen des Patriarchats. Frauen, die in Positionen kamen, die der Rechtfertigung dieses Ausschlusses gefährlich waren, wurden schnell und effektiv aus der Gesellschaft entfernt: durch Ermordung oder Internierung. Bestes Beispiel dafür ist die Hebamme, die durch ihr großes medizinisches Wissen während der Inquisition besonders gefährdet war, dämonisiert

1 Die Diskussion um Hillary Clinton und Barack Obama im Nominierungswahlkampf der Demokraten 2007/08 ist ein negatives Beispiel dafür.

und ermordet zu werden. Der *Malleus Maleficarum* bezeichnet die Hebamme gar als die verruchteste Frau von allen.[2]

Hauptaugenmerk dieser Arbeit liegt auf dem sozialen Aspekt des Wahnsinns, nicht auf dem medizinischen. Daher wurde auch ganz bewusst dem Begriff der *Geisteskrankheit* der Begriff *Wahnsinn* vorgezogen, da dieser sich im Laufe der Geschichte immer deutlicher als soziales Konstrukt erweist, die Geisteskrankheit hingegen ist stärker im medizinisch-psychologischen Bereich verhaftet. Der Wahnsinn ist untrennbar verbunden mit der Unterdrückung von Gruppen und Individuen, den Wahnsinnigen wird jedes Recht auf Selbstbestimmung genommen, sie werden aus der Gesellschaft entfernt, entwertet und unglaubwürdig gemacht. Gleichzeitig ist er aber auch aktives Instrument der Unterdrückung, kann er doch dazu dienen, unerwünschte Gruppen oder Einzelpersonen aus dem Diskurs zu entfernen, durch das Stigma des Wahnsinns. Die Macht dazu hat derjenige, der bestimmt, was die Norm ist. Der Wahnsinn ist sowohl Instrument der Unterdrückung als auch Reaktion darauf. Dies hätte an verschiedenen Gruppen gezeigt werden können, die Konzentration auf die wahnsinnige Frau ist deshalb besonders ergiebig, weil die Frau durch alle Epochen hindurch, in allen sozialen Schichten, Ethnien und Religionen, die unterdrückte Stellung einnimmt, zur Wahnsinnigen gestempelt wird oder mit Wahnsinn reagiert, ein Prozess, welcher sich in der Literatur spiegelt.

Diese Arbeit soll zeigen, wie die Figur der Wahnsinnigen in der Literatur häufig funktionalisiert wird und welche Stereotype dabei zum Tragen kommen. Im Gegensatz dazu gibt es aber auch Individualisierungstendenzen, welche die Wahnsinnige nicht als repräsentatives Beispiel für eine Gruppe, sondern in ihrer Einzigartigkeit und Isoliertheit darstellen, wodurch das Stereotyp gebrochen und das Bild der Wahnsinnigen varianten- und facettenreicher wird.

Die *femme fragile* und die *femme fatale*, das verletzliche, liebeskranke Opfer und die hysterische, wütende Täterin – auf den ersten Blick wird deutlich, dass der weibliche Wahnsinn nur durch die Beziehung zum Mann konstruiert und aufrecht erhalten wird. Fehlende oder übertriebenen Weiblichkeit sind typische Merkmale, personifiziert in Figuren wie Shakespeares Lady Macbeth und Ophelia.

Die Literatur ist voller wahnsinniger Frauen, angefangen in der griechischen Mythologie, mit Figuren wie Medea, den Furien oder der Amazonenkönigin Penthesilea, über die Bibel, Shakespeare, die Romantik mit ihren verklärten Ophelia-Figuren, bis zur modernen Literatur, mit

2 Vgl.: Szasz: Die Fabrikation des Wahnsinns, S. 39.

der differenzierten Zeichnung weiblichen Wahnsinns durch Autorinnen wie Elfriede Jelinek, Silvia Plath oder Doris Lessing.

Zur näheren Analyse ausgewählt wurden sowohl Texte, welche die Stereotypisierung weiblichen Wahnsinns stützten, als auch solche, die sich dagegen wehren. Besonderes Augenmerk soll auf die Erzählperspektive gelegt werden. Wird der Wahnsinn, der als Ausgrenzungs- und Unterdrückungsinstrument dient, aus der Außenperspektive betrachtet, oder findet eine Solidarisierung statt, indem der Leser selbst auf die Ebene des Wahnsinnigen geholt wird, und dabei möglicherweise entdeckt, dass dieser durch den Perspektivenwechsel plötzlich gar nicht mehr wahnsinnig erscheint?

Auf eine spezifisch feministische sprachliche Kennzeichnung, im Sinne einer geschlechtsneutralen Sprache, wird bewusst verzichtet. Begriffe wie *Autor* oder *Leser* werden von der Verfasserin als geschlechtsneutral betrachtet und meinen immer Männer und Frauen, sollte eine Aussage sich nur auf ein Geschlecht beziehen, wird dies speziell gekennzeichnet. Um Missverständnissen vorzubeugen sei zudem erwähnt, dass die Begriffe *männlich* und *weiblich* im Sinne der Gender-Theorie verwendet werden, also nicht unbedingt symmetrisch zum biologischen Geschlecht zu sehen sind.

II. Historischer Überblick: Entscheidende Stationen und Positionen

1. Die Wahnsinnige in der Geschichte

1.1. Hexenverbrennung und Inquisition

Die Geschichte des weiblichen Wahnsinns ist untrennbar mit der der Diffamierung und Ermordung von Frauen während der Inquisition verbunden.[3] Der europäische Hexenwahn wurde seit 1484 offiziell gestützt durch die Hexenbulle des Papstes Innozenz VIII. und dem 1489 von den Kölner Dominikanermönchen und päpstlichen Inquisitoren Institoris und Sprenger verfassten *Hexenhammer,* der als *malleus maleficarum* zur Prozessordnung wurde. Die Hexenverfolgung zog sich über vier Jahrhunderte und kostete mehr als eine Million Frauen in ganz Europa das Leben. Betroffen ist also nicht nur das düstere und rückschrittliche Mittelalter, wie fälschlicherweise oft angenommen wird, sondern vor allem die Neuzeit.

Der Hexenhammer wiederholt, was wir ohnehin schon seit der Genesis und Evas verhängnisvollem Griff nach dem Apfel wissen: Frauen sind anfällig für das Böse. Ist Eva die versinnbildlichte Sünde, so findet man in der Hexe des Mittelalters und der Neuzeit ihre Nachfolgerin, in deren Tradition wiederum, beginnend mit der Aufklärung, die pathologisierte Wahnsinnige steht:

> Der Grund weshalb Hexen gewöhnlich Frauen sind, ist nach Sprenger und Krämer darin zu sehen, daß jegliche Hexerei von der Fleischeslust kommt, die bei Frauen unstillbar ist. Und wieso sind Männer gegen dieses Greuel gefeit? Weil Jesus ein Mann war, denn gepriesen sei der Höchste, der das männliche Geschlecht vor solcher Schändlichkeit bis heute so wohl bewahrte: Da er in demselben für uns geboten werden und leiden wollte, hat er es deshalb auch so bevorzugt. Kurzum, der Hexenhammer ist unter anderem eine Art religiös-wissenschaftlicher Theorie der männlichen Überlegenheit, die die Verfolgung der Frau als Vertreterin einer minderwertigen, sündigen und gefährlichen Klasse von Individuen rechtfertigt, ja gebietet.[4]

Neben den denunzierten und völlig unschuldigen Frauen, die nur durch Folter zu einem Geständnis gebracht wurden, fielen dem Hexenwahn auch zahlreiche Frauen zum Opfer, die offensichtlich phy-

---

3 Selbstverständlich waren auch Männer von der Inquisition betroffen, dem Thema entsprechend bleibt die Konzentration auf den Frauen.

4 Szasz: Die Fabrikation des Wahnsinns, S.39.

sisch oder psychisch krank waren. So können viele Anzeichen der Besessenheit, die wir aus den erhalten gebliebenen Protokollen der Inquisitoren kennen, nach heutigem Stand der Medizin eindeutig bestimmten Krankheiten, wie etwa der Epilepsie, zugeordnet werden. Interessant ist die Beliebigkeit, mit der Frauen entweder als Hexen verbrannt oder als Heilige verehrt wurden. Vor allem die christlichen Mystikerinnen weisen in ihrer Beschreibung kaum Unterschiede zu den angeblichen Hexen auf. Wildes Schreien, ekstatisches Tanzen, weit aufgerissene Augen, um nur wenige Anzeichen zu nennen, die beide Gruppen aufwiesen. Oft war die Einordnung in eine der beiden Gruppen nicht so eindeutig, wie sie uns heute im Nachhinein erscheint, was hauptsächlich daran liegt, dass uns meist nur die Quellen der Partei, die sich durchsetzen konnte, zugänglich sind.[5] Es gibt jedoch auch Zeugnisse über später als heilig verehrte Frauen, die belegen, dass diese vorher von ihrer Familie und auch von der Kirche für irrsinnig gehalten wurden. So wurde das wohl prominenteste Beispiel für den kurzen Weg von der Heiligen zur Hexe (und wieder zurück), Jeanne d'Arc, vom englischen König und seinem Rat „für eine Irre (une folle), der die Gesundheit abgeht“[6] gehalten. Jeanne d'Arc hörte Stimmen von Heiligen, die ihr befahlen, Männerkleidung anzuziehen und Frankreich im Hundertjährigen Krieg von den Engländern zu befreien. Weshalb ihr Schicksal bis heute so berühmt und präsent ist, liegt weniger daran, dass sie aus dem Heer der Hexen und Heiligen durch ihre Visionen besonders herausragte, sondern an der politischen Bedeutung, die sie in diesem Krieg einnahm. Nach heutigen psychiatrischen Maßstäben würde man Jeanne d'Arcs Visionen und Auditionen als pathologische Halluzinationen diagnostizieren. Schon im Mittelalter gab es vereinzelt „die Vermutung, es könne sich bei mystischen Phänomenen eher um die Manifestation einer Erkrankung handeln“.[7]

Im 20. Jahrhundert schließlich wird eine direkte Verbindung zwischen den patriarchalischen und unterdrückenden Mechanismen der Psychiatrie und den Praktiken der Inquisition gezogen werden, die Hexe wird gleichzeitig mit der Wahnsinnigen verglichen:[8]

> die Hexe andererseits gleicht dem Geisteskranken: Sie sieht sich in eine entwürdigende Abweichlerrolle gedrängt, die sie nicht will; man unterwirft sie bestimmten diagnostischen Prozeduren, um zu ermitteln,

5 Vgl. Dinzelbacher: Heilige oder Hexen, S.13f.

6 Ebd., S.66.

7 Ebd., S.64.

8 Siehe Kapitel feministische Psychiatriekritik.

ob sie eine Hexe ist oder nicht, und beraubt sie dann – vorgeblich zu ihrem eigenen Besten – ihrer Freiheit und oft auch des Lebens.[9]

1.2. Die Postmoderne: Befreiung des Wahnsinns und Psychiatriekritik

1.2.1. Die Antipsychiatriebewegung

> Wenn jemand wissen will, wie eine Gesellschaft ist, muss er nur in eine psychiatrische Klinik schauen. Wird mit den Menschen dort schlecht umgegangen, sind auch gesellschaftliche Strukturen nicht intakt.[10]

In den fünfziger Jahren entwickelt sich eine Bewegung, welche die Psychiatrie und ihre Protagonisten massiv attackiert. Als Begründer der Antipsychiatriebewegung gelten die Psychiater Robert D. Laing und David Cooper. Mit der Kritik an der herrschenden Gesellschaftsordnung in den sechziger Jahren wird sie verstärkt und läuft parallel zur 68-Revolution ab. Die Antipsychiatriebewegung prangert die Psychiatrie als politisches Machtinstrument an, indem sie die „verdeckte repressive Politisierung der Psychiatrie öffentlich" macht und „ihr die Funktion einer sozialen und politischen Ordnungsmacht"[11] nachweist. Damit steht die Psychiatrie in der Tradition der von Foucault in *Wahnsinn und Gesellschaft* beschriebenen, einander ablösenden oder auch parallel bestehenden Institutionen der Leprosorien, der Armen- und Arbeitshäuser und der Gefängnisse. Die Antipsychiatriebewegung protestiert gegen die bis dahin unangefochtene Diskurshoheit der Psychiater und Psychotherapeuten. Mit der Pathologisierung des Wahnsinns wird er zur Geisteskrankheit, diese zu klassifizieren, zu diagnostizieren und zu heilen steht alleine dem Arzt zu. Der Wahnsinn erscheint durch die Psychiatrie nicht befreit, seine Gefangenschaft[12] erfolgt nun bloß unter anderen Vorzeichen. Der Heilungsanspruch steht dabei in Verbindung mit der Disziplinierung der Zu-Heilenden. Fand in der Vergangenheit eine Separierung des Wahnsinns vom Verbrechen statt, so bleibt die Bestrafung und Isolierung aufrecht, gerechtfertigt durch die Absicht zu heilen, nach dem Motto: der Zweck heiligt die Mittel.

---

9 Szasz: Die Fabrikation des Wahnsinns, S.62.

10 Dr. Siegried Kasper, Vorstand der Uni-Klinik für Psychiatrie und Psychotherapie der Med-Uni Wien, in: Der Standard, 17.März 2008, S.20.

Bertoluzza u.a.: Der weibliche Wahnsinn zwischen Ästhetisierung und Verleugnung, S.14.

12 Vgl.: Foucault: Wahnsinn und Gesellschaft, S.68ff.

Die Psychiatrie vereint Legislative und Exekutive in einer Institution, sie ist es, die die Normen des Gesunden, des Normalen aufstellt und gleichzeitig dafür sorgt, dass diejenigen, die diesen Normen nicht entsprechen, von ihren Abweichungen geheilt werden, wiederum mit den Mitteln, die die Psychiatrie als für diesen Zweck geeignet betrachtet.

Die allgemein verbindlichen Normen werden von weißen, gut situierten, heterosexuellen Männern aufgestellt, wer diesen Normen nicht entspricht ist entweder kriminell, krank oder sogar beides, in jedem Fall aber ist eine notfalls mit Gewalt erzwungene Angleichung an „das Normale" notwendig. Bestes Beispiel dafür ist die Kriminalisierung und Pathologisierung der Homosexualität. Bedenklich ist dabei, dass hier der Grundgedanke der Medizin, das Leiden kranker Menschen zu heilen oder zu lindern, missachtet wird. Denn meist ist es, im Gegensatz zum körperlich Kranken, nicht der Betroffene selbst, der nach Heilung verlangt, seinen Zustand als krank empfindet und darunter leidet, es ist die herrschende Norm, die bestimmt, dass sein Anders-Sein krank ist und geheilt werden muss:

> Da das klassische Mandat des Arztes darin besteht, leidende Patienten mit ihrer Einwilligung und zu ihrem eigenen Besten zu behandeln, müssen wir Situationen erklären und rechtfertigen, in denen Individuen ohne ihre Einwilligung und zu ihrem Nachteil *behandelt* werden. Dazu eignen sich die Begriffe Wahnsinn und Geisteskrankheit vorzüglich. Sie gestatten den *normalen, gesunden* Mitgliedern der Gesellschaft, mit jedem ihrer Mitmenschen, den sie als *geisteskrank* einstufen können, so zu verfahren, wie ihnen beliebt.[13]

Laing und Cooper, selbst Psychiater, weisen darauf hin, „dass es für psychiatrische Diagnosen keine objektiven klinischen Kriterien gibt".[14] Einen noch radikaleren Zugang wählt Thomas Szasz. Er betrachtet Geisteskrankheiten als ein in Wahrheit nicht existentes Konstrukt. Die Psychiatrie, die sich laut Szasz aus der Hexenverfolgung heraus entwickelt hat, wird damit für ihn zu einem „Verbrechen gegen die Menschlichkeit" und zum „größten wissenschaftlichen Betrug dieses Jahrhunderts"[15]. Ebenfalls abgelehnt werden Freuds „patriarchalische und autoritäre Theorien und Praktiken".[16]

---

13 Szasz: Die Fabrikation des Wahnsinns, S.14.

14 Lehmann: Antipsychiatrie, www.antipsychiatrieverlag.de/artikel/recht.antipsychiatrie.htm. (abgerufen am 12.2.2008)

15 Ebd.

16 Chesler: Frauen – das verrückte Geschlecht?, S.98.

Die Antipsychiatrie weigert sich also, Wahnsinn als somatische oder gar genetische Krankheit anzuerkennen:

> In Abgrenzung dazu hat die Antipsychiatrie den Wahnsinn als politischen und sozialen Dissens gegenüber der herrschenden Gesellschaftsordnung gedeutet und ihn als Ausdruck für gesellschaftliche Entfremdungs- und Zurichtungsprozesse begriffen.[17]

Bei der Antipsychiatriebewegung kann keinesfalls von einer einheitlichen Haltung gesprochen werden. Es gibt eine Reihe von Theoretikern, die unterschiedliche, teilweise sich widersprechende Ansätze vertreten.[18] Allen gemeinsam ist das Ablehnen der Psychiatrie. Robert Laing lehnte den von Cooper eingeführten Begriff der Begriff *Antipsychiatrie* beziehungsweise des *Antipsychiater* sogar ab, da er „der traditionellen Psychiatrie nicht das Monopol auf die Bezeichnung *Psychiater* lassen" wollte, „nur weil die Ärzte diesen Beruf in den Schmutz ziehen, indem sie die Leute ohne Liebe, ohne Mitleid, ohne Sympathie behandeln".[19] Das unterschiedliche Verständnis der Psychiatriekritik wird unter anderem durch die sich abspaltende, weil nicht akzeptierte feministische Richtung deutlich.

1.2.2. Feministische Psychiatriekritik

Obwohl die Antipsychiatriebewegung es sich zur Aufgabe gemacht hat, die hierarchischen Strukturen der Psychiatrie zu entlarven und von der Frauenbewegung mitentwickelt und anfangs auch mitgetragen wurde, entwickeln sich die Antipsychiatriebewegung und der Feminismus in ihrer Kritik in unterschiedliche Richtungen. Der Grund dafür ist in der androzentrischen Orientierung der Antipsychiatriebewegung zu suchen. Propagiert diese den Widerstand, so ist dieser „männlich codiert, d.h. an männlichen Ausdrucksformen orientiert"[20]. Die Frau wurde als Opfer der Psychiatrie betrachtet, jedoch nicht als gleichberechtigte Mitstreiterin gesehen, damit wird die patriarchale Struktur der Psychiatrie auch in ihrer Gegenbewegung nicht durchbrochen. Simone de Beauvoir sagt 1979 in einem Interview über die Antipsychiatrie:

---

17 Bertoluzza: Der weibliche Wahnsinn zwischen Ästhetisierung und Verleugnung, S.15.

18 Vgl.: Bopp: Antipsychiatrie: Theorien, Therapien, Politik, S.41.

19 Ebd., S.41.

20 Bertoluzza: Der weibliche Wahnsinn zwischen Ästhetisierung und Verleugnung, S.15.

Grundsätzlich ist auch die Antipsychiatrie immer noch Psychiatrie und antwortet nicht auf die spezifischen Probleme von Frauen.[21]

Mit *Frauen – das verrückte Geschlecht*? (im Original *Women and Madness*) legte die amerikanische Psychologin Phyllis Chesler 1972 ein Standardwerk zur feministischen Psychiatriekritik vor. Sie kritisiert nicht nur die Psychiatrie selbst, sondern auch die Antipsychiatrie:

> Das Leben in der Nervenheilanstalt gleicht viel eher der weiblichen als der männlichen Existenzform innerhalb der Familie. Dies dürfte einer der Gründe sein, warum Erwin Goffman in seinem Buch *Asyle* den Aufenthalt als destruktiver für die Persönlichkeit bezeichnet, als eine Haftstrafe. Wie die meisten, denkt er vor allem daran, welche Schwächung es für *Männer* bedeutet, wenn man sie wie Frauen behandelt – als hilflos, abhängig, geschlechtslos, unvernünftig, eben als *verrückt*. Wie muss eine solche Behandlung aber erst auf *Frauen* wirken? Etwa auf Frauen, die auf genau diese Art der Behandlung ohnehin schon mit Ambivalenz oder Wut reagierten?[22]

Chesler beschäftigt sich mit den wichtigsten Theoretikern der Antipsychiatriebewegung: Wilhelm Reich, Ronald D. Laing, David Cooper und Thomas Szasz. Alle vier sind nicht nur Kritiker der klinischen Praxis, sondern auch Freuds. Chesler bewertet die wichtigsten ihrer Schriften, hebt ihre Leistungen hervor, prangert aber gleichzeitig Thesen an, die nach den gleichen Mustern wie die absoluten Normen der Psychiatrie funktionieren.

So lobt sie Reich als Feministen, der „die patriarchalistische Familie als die primäre Institution der sexuellen und politischen Unterdrückung im allgemeinen und der Versklavung der Frau im besonderen"[23] verurteile. Gleichzeitig weist sie aber auf die Gefährlichkeit seiner Beurteilung von Homo- und Bisexualität als „ungesund" und „regressiv"[24] wirkend hin.

Robert Laing untersucht die weibliche Schizophrenie. In seinem Werk *Sanity, Madness and the family* erklärt er anhand von 11 realen Fällen schizophrene Störungen, als Folge des familiären und sozialen Umfeldes. Für Laing ist nicht der Einzelne krank, sonder es besteht eine „Familienpathologie"[25]. Daher erscheint es nur logisch, dass „die ganze

---

21 Simone de Beauvoir, interviewt von Alice Jardine, zitiert nach Beglinger: Von der Antipsychiatrie zur Statt-Psychiatrie, S.165.

22 Chesler: Frauen – das verrückte Geschlecht?, S.35.

23 Ebd., S.83.

24 Ebd., S.88.

25 Ebd., S.93.

Gesellschaft einer psychologischen *Heilbehandlung* bedarf".[26] Obwohl Laing sich ausschließlich mit weiblichen Patientinnen befasst und in allen Fällen eine Unterdrückung der Frau stattfindet, erkennt er keinen speziellen Zusammenhang zwischen dieser und dem Wahnsinn, so kritisiert Chesler. Auf geschlechtsdifferente Ursachen geht Laing in seiner Untersuchung nicht ein.[27]

Dieses Phänomen setzt sich auch in der von Männern dominierten Sekundärliteratur zu Laing fort. So kritisiert zum Beispiel Jörg Bopp, dass Laing (und auch Cooper) nicht erklären kann, „warum ein bestimmtes Mitglied einer pathogenen Familiensituation die schizophrene Symptomatik entwickelt".[28] Er erachtet es aber nicht für notwendig, zu erwähnen, dass Laing sich in seiner Forschung zur Schizophrenie, die sich in einer pathogenen Familiensituation entwickelt, ausschließlich auf weibliche Betroffene konzentriert, und spricht immer vom *Patienten*, als handle es sich um Männer oder zumindest um eine gemischte Gruppe. Es ist kaum anzunehmen, dass die Konzentration auf eine bestimmte Gruppe unerwähnt bliebe, wenn es sich zum Beispiel um eine bestimmte Ethnie handelte. Die patriarchale Einstellung der Antipsychiatrie wird jedoch keineswegs nur von Frauen erkannt und verurteilt. Auch Peter Lehmann, Vertreter einer neuen Antipsychiatrie, weist auf das patriarchale Denken seiner Vorgänger hin[29].

Thomas Szasz leitet die traditionelle Psychiatrie aus der Inquisition ab:

> Im dreizehnten Jahrhundert ist der gewappnete Ritter das Symbol des Edlen, die Schwarze Hexe das der Verworfenheit [...]. Diese Vorstellungen enthalten und verkörpern den geschlechtsfeindlichen Frauenhaß. Der Ritter, Symbol des Guten, ist männlich, die Hexe, Inbegriff des Bösen, ist weiblich.[30]

> Es gibt einfach keinen Missbrauch der Institutionalen Psychiatrie und es kann ihn nicht geben, weil diese Einrichtung selbst ein einziger Missbrauch ist.[31]

Den weiblichen Wahnsinn mit den Hexenverbrennungen im Mittelalter und der frühen Neuzeit in Verbindung zu bringen, ist nicht neu, der

---

26 Ebd., S.93.

27 Vgl.: Beglinger: Von der Antipsychiatrie zur Statt-Psychiatrie, S.165.

28 Bopp: Antipsychiatrie. Theorien, Therapien, Politik, S.47.

29 Vgl.: Lehmann: Antipsychiatrie, www.antipsychiatrieverlag.de/artikel/recht.antipsychiatrie.htm. (abgerufen am 12.2.2008)

30 Szasz: Die Fabrikation des Wahnsinns, S.176.

31 Szasz: Die Fabrikation des Wahnsinns, S.25.

Vergleich der Inquisition mit der Psychiatrie jedoch war eine radikale neue Auslegung, die erstmals von Elizabeth Packards gewagt und von Thomas Szasz in *Die Fabrikation des Wahnsinns* aufgegriffen wurde. Dabei zeigt er Einstellungen und Methoden der psychiatrischen Praxis auf, die sich gar nicht oder kaum von der inquisitorischen Praxis unterscheiden: „Isolierung, gesellschaftliche Ächtung, Hydrotherapie, körperliche Misshandlung, Schocktherapie – alles psychiatrische Techniken – wurden zuerst von Hexenjägern praktiziert".[32]

Eine feministische Psychiatriekritik muss also keineswegs nur von Frauen betrieben werden.

Ruft die Antipsychiatriebewegung, ausgehend von Laing, zum emotionalen Widerstand auf, so wird von feministischer Seite kritisiert, dass dieser Widerstand sich an männlichen Ausdrucksformen des Wahnsinns orientiert. Gemeint sind damit extrovertierte, in der Öffentlichkeit ausgetragene Formen, „ein Wahnsinn, der somit phantasievoll, authentisch, produktiv anmutet".[33] Das Krankheitsbild der Hysterie, welches zu den öffentlich ausgetragenen und mehrheitlich Frauen zugeschriebenen Formen geistiger Störungen gezählt werden könnte, hat in den letzten Jahrzehnten massiv an Bedeutung eingebüßt, gefolgt sind Krankheiten, die für Widerstand nach außen ungeeignet sind:

> Bediente sich die Hysterikerin noch der Technik der Parodie, der Inszenierung, des Schauspiels, so existieren die Nachfolgephänomene weiblich-verrückter Widerspenstigkeit (z.B. die Magersucht, die Bulimie, die *typisch weibliche Depression*) als Verschwinden von Sinnlichkeit, die ein Weniger anstelle von Mehr produzieren: es sind Formen des einsamen Kampfes und beanspruchen nicht die Öffentlichkeit als ihren Austragungsort, sondern den eigenen Körper.[34]

Diese Kritik geht davon aus, dass es so etwas wie männliche und weibliche Formen des Wahnsinns gibt. Ob dem so ist, ist diskutabel.

---

32 Chesler: Frauen – das verrückte Geschlecht, S.101.

33 Bertoluzza: Der weibliche Wahnsinn zwischen Ästhetisierung und Verleugnung, S.16.

34 Ebd., S.17f.

2. Die Sache mit der Hysterie

2.1. Geschichte der Hysterie

Hysterie galt lange Zeit als *die* weibliche Störung und noch immer ist der Mythos von der Hysterikerin nicht ganz überwunden.

Das Krankheitsbild der Hysterie wurde schon in der Antike erkannt oder, vielleicht sollte man besser sagen, von Männern konstruiert. Wie bei den meisten anderen geistigen Störungen auch gibt es keine klar umrissene Symptomatik, nur bestimmte Symptome, die bei gehäuftem Auftreten zur Diagnose Hysterie führen. Begriff und Kennzeichen der Hysterie findet man erstmals bei Hippokrates. Die alten Griechen (und vor ihnen schon die Ägypter) glaubten, dass der Uterus im Körper der Frau umherwandern könne und so verschiedene Krankheitssymptome auslöse.[35] Der bis heute gebräuchliche Begriff *Hysterie* leitet sich vom griechischen Wort für die Gebärmutter, *hystera*, ab. Häufig steige die Gebärmutter dabei bis in den Hals hoch und löse so Erstickungsanfälle aus. Damit war die Hysterie des Altertums eine rein weibliche und somatische Erkrankung, die sich jedoch auch psychosomatisch auswirken konnte. Überhaupt schrieb man geistigen Erkrankungen physiologische Ursachen zu, die meisten Krankheiten wurden auf eine falsche Konzentration der Körpersäfte zurückgeführt. Melancholie und Depressionen, so glaubte man, seien Auswirkungen einer verdickten, schwarzen Gallenflüssigkeit.

Die Gesundheit von Frauen wurde immer an ihrem biologischen Geschlecht gemessen. So glaubte man, „daß die Fortpflanzungsorgane der Frauen ihren geistigen Zustand direkt beeinflussten".[36] Die einzige Möglichkeit zur Heilung kam dem Mann zu, glaubte man doch, dass sexuelle Abstinenz Hysterie auslösen könne und Geschlechtsverkehr und Schwangerschaft die beste Therapie seien. Es geht also auf Hippokrates zurück, dass „der Mythos von einem sexuell unbefriedigten Organ in der Ätiologie und der Therapie der Hysterie für lange Zeit eine dominierende Rolle spielte."[37]

Wie stark die Hysterie mit der rein subjektiven männlichen Vorstellung von Sexualität in Verbindung steht, zeigt der unterschiedliche Umgang mit ihr im Laufe der Zeit. So sah Soranus von Ephesus, der Jungfräulichkeit predigte und eine zu frühe Defloration für schädlich hielt, Ge-

35 Vgl.: Schaps: Hysterie und Weiblichkeit, S.18.

36 Plesch: Die Heldin als Verrückte, S.19.

37 Schaps: Hysterie und Weiblichkeit, S.22.

schlechtsverkehr nicht als erfolgreiche Therapie der Hysterie an.[38] Im erotik- und sexualitätsfeindlichen Mittelalter wendet man sich ganz von den antiken (Irr-) Lehren ab und findet der eigenen Ideologie entsprechende Heilmittel: Die Frau hat keusch zu sein und untertänig. Lust und Sexualität werden zur Sünde, wer nicht entsagt, wird mit Krankheit und Wahnsinn bestraft. Dieser Glaube korreliert mit den Lehren des Augustinus, wonach Krankheit und Leid als Zeichen des Bösen zu deuten sind.

Selbstverständlich kam die Hysterikerin auch in Zeiten der Inquisition nicht ungeschoren davon. Wie im Kapitel ‚Hexenverbrennung und Inquisition' schon gesagt, wurden physische und psychische Krankheitssymptome von den Inquisitoren dämonisiert. Dies traf auch auf die Hysterie zu, deren Symptome als *Stigma Diaboli* galten und zu Folter und Hinrichtung führten.[39] Diese Hexenzeichen, so glaubte man, stammten vom Teufel selbst, der so ihre „satanische Seelenzugehörigkeit"[40] deutlich machen wolle:

> Dieser Anschauungswandel innerhalb der klerikalen Medizin hatte zur Folge, daß zwischen Wahnsinn und Besessenheit keine Grenze mehr gezogen wurde, da beide Phänomene als diabolische Kräfte der Hexen gedeutet wurden, wobei dieses kulturelle Deutungsmuster der wachsenden Misogynie von seiten des Klerus als Interpretation entgegenkam.[41]

Ganz vergessen wurde das Krankheitsbild der Hysterie jedoch nicht. Der Arzt Johannes Weyer (1515-1588) stellte die Existenz des Teufels zwar nicht in Frage (was zu dieser Zeit auch kaum möglich gewesen wäre, ohne selbst als Ketzer verurteilt zu werden), versucht aber, der theologischen eine medizinische Sicht entgegenzustellen. Er deckt auf, dass angeblicher Besessenheit oft seelische Erkrankungen zugrunde liegen, freiwillige Selbstbezichtigungen entsprängen der Phantasie oder Halluzinationen. Hier wird auch der Effekt der Rückkoppelung deutlich: Die durch den Hexenhammer allgegenwärtigen Anzeichen der Besessenheit werden dort nicht nur festgehalten, sondern treten vielmehr erst durch diesen verstärkt auf.

Paracelsus (1493-1541) rückt die Hysterie in die Nähe der Epilepsie und wendet sich gegen die Vorstellung eines wandernden Uterus. Er entlarvt auch den Veitstanz, der vielen Frauen noch bis ins 18. Jahrhundert

---

38 Ebd., S.27.

39 Miklautz: Hysterisch oder liebeskrank?, S.37.

40 Schaps: Hysterie und Weiblichkeit, S.31.

41 Ebd., S.31.

den Tod brachte, als Krankheit. Von beidem betroffen seien Frauen, weil diese willensschwach und wollüstig seien.[42] Schon jetzt findet also eine Pathologisierung statt, die patriarchalen, sexistischen Vorzeichen bleiben jedoch bestehen.

Im 17. Jahrhundert gibt es Strömungen, die auf die subjektiven und in Wahrheit selbstbezogenen Hysterietheorien aufmerksam machen. Wichtigster Vertreter ist Thomas Syndham, der die Hysterie als Nervenkrankheit sieht, welche nicht nur Frauen, sondern auch Männer haben können. Er vergisst jedoch nicht, auf die erhöhte Anfälligkeit von Frauen aufgrund ihrer schwächeren Nerven hinzuweisen.[43] Die männliche Form der Hysterie bezeichnet er als Hypochondriasis. Hypochondrie und Hysterie sind für ihn deshalb verwandt, weil er „ihre Wesensgleichheit in ihren melancholischen und psycholabilen Leidenszuständen"[44] sieht.

Der Arzt Thomas Willis trifft im 17. Jahrhundert eine bemerkenswert klare Aussage zur Hysterie:

> Unter den Frauenkrankheiten genießt die Hysterie einen so schlechten Ruf, daß sie wie die *semi-damnati* die Fehler zahlreicher anderer Leiden zu tragen hat. Wenn eine Krankheit von unbekannter Natur und verborgenem Ursprung bei einer Frau so auftritt, daß ihre Ursache nicht sichtbar wird und die therapeutische Indikation ungewiß ist, klagen wir sofort den schlechten Einfluß des Uterus an, der in den meisten Fällen nicht verantwortlich ist, und anlässlich eines ungewissen Symptoms erklären wir, daß sich etwas Hysterisches irgendwo verbirgt.[45]

Die Aufklärung, mit Vertretern wie Philipe Pinel, eine Legende, weil er die Geisteskranken von Bicêtre und der Salpêtrière von den Ketten befreite,[46] betont den sozialen Charakter des Wahnsinns. „Individuelle Schicksalsschläge, politische Ereignisse und religiöser Fanatismus" wurden als Ursachen gesehen, ebenso wie „sittlich-moralische Verschuldung".[47] Dem sollte mit Humanität und Pädagogik begegnet werden. Die sittlich-moralischen Verfehlungen gehen abermals einher mit der Betonung sexueller Faktoren:

---

42 Vgl., ebd., S.33f.

43 Vgl.: Schmidbauer: Der hysterische Mann, S.20f.

44 Schaps: Hysterie und Weiblichkeit, S.39.

45 Willis: De morbis convulsivis, S.529, zitiert nach Foucault: Wahnsinn und Gesellschaft, S.287.

46 Vgl.: Foucault: Wahnsinn und Gesellschaft, S.482ff.

47 Schaps: Hysterie und Weiblichkeit, S.43.

In dem Maße jedoch, wie Pinel die Hysterie von einer organischen Ätiologie befreite, reihte er die diversen Symptome der vom Fortpflanzungstrieb abweichenden Sexualität als Perversionen in die klinische Beschreibung der Hysterie ein. Die Wiedereinführung sexueller Faktoren als Ausgangspunkt der Hysterie sollte schließlich im Werk von Freud am Ende des 19. Jahrhunderts ihren Höhepunkt erreichen.[48]

Im 19. Jahrhundert kommt die Hysterie zu einem neuen Höhepunkt. Zahlen, welche das Ansteigen der Hysterie belegen sollten, sind jedoch mit Vorsicht zu genießen, da *die* Hysterie als einheitliches, klar definiertes Krankheitsbild, gar nicht existiert. Die Hysterikerin der Jahrhundertwende, Freuds Hysterikerin sozusagen, ist die Tochter oder Ehefrau des gehobenen Bürgertums. „Ob die immense Bedeutung der Hysterie daher rührte, daß die Krankheit tatsächlich viel häufiger auftrat, ob sie auf einer „zunehmenden Psychiatrisierung weiblicher Aufsässigkeit" beruhte oder „ob die Frauen sich wirklich krankstellten, um der trauten Monotonie und Härte des familiären Haushalts zu entkommen"[49], weshalb die Zahl der tatsächlichen Patientinnen in dieser Zeit so stark angestiegen ist, lässt sich schwer sagen. Die Psychoanalyse als neue Therapieform hört sich erstmals an, was der Wahnsinn zu sagen hat, für die Frauenbewegung waren Freuds Ausführungen jedoch fatal, wie im nächsten Kapitel noch gezeigt werden soll. Im 20. Jahrhundert verliert die Hysterie kontinuierlich an Bedeutung, andere Krankheiten nehmen zu, Symptomatiken werden anders bewertet, hysterische Symptome fügen sich in andere Pathologien ein oder werden gar entpathologisiert. Der Begriff hysterisch bleibt in der Alltagssprache zurück, als kleine Erinnerung an die von Misogynie geprägte Geschichte der Hysterikerin.

2.2. Bewertung der Hysterie als prototypischer weiblicher Wahnsinn

Die Hysterie ist deshalb von so großer Bedeutung, weil von der Antike bis ins 20. Jahrhundert Hysterie als Synonym des weiblichen Wahnsinns verwendet wird. Die Hysterikerin ist die prototypische Wahnsinnige.

Hysterie ist keine wirklich fassbare Krankheit, sondern vielmehr ein Konzept, welches, wie der Wahnsinn an sich, untrennbar mit der gesellschaftlichen Entwicklung verwoben ist. Dieses Konzept wird zwar

48 Ebd., S.44.

49 Honegger/Heintz: Listen der Ohnmacht, S.43.

mittlerweile (zu Recht) starker Kritik ausgesetzt, dies sollte jedoch nicht von der Ambivalenz desselben ablenken:

> Einerseits diente die Zuschreibung der Diagnose Hysterie häufig der Entwertung und Diskriminierung von PatientInnen- oder Bevölkerungsgruppen, indem zum Beispiel der Hysteriebegriff über lange Zeiträume hartnäckig mit entwerteten Weiblichkeitsvorstellungen amalgiert wie auch als politischer Kampfbegriff zu Abwertung der Frauenbewegung und der Arbeiterbewegung benutzt [...] wurde. [...] Andererseits hat sich der Begriff Hysterie auch als widerständig erwiesen und läßt sich [...] schwerlich abschaffen, da er offensichtlich etwas zu bezeichnen hilft und eine Form von Evidenz erzeugt, wofür sonst die Worte fehlen; denn in die wechselnden Hysteriekonzepte flie[ß]en auch immer wieder Versuche ein, Beschreibungen und Erklärungen für bestimmte Leidensformen, für schwer fassbare Nöte und Symptome zu finden und dafür Heil- oder Behandlungsmethoden zu entwickeln.[50]

Hysterie ist also einerseits eine diskriminierende Verurteilung, es darf jedoch nicht immer ein negativer Beweggrund unterstellt werden. Überhaupt ist das Konzept der Hysterie zu komplex für eine Pauschalverurteilung als männliches Instrument der Unterdrückung und Entwertung. Zwar ist sie das in erster Linie, ein Instrument kann die Hysterie aber auch für die Hysterikerin sein, eine Möglichkeit des Widerstandes gegen patriarchale Normierung, eine Verweigerung der vorgesehenen Rolle, durchgeführt mit den Mitteln der Schauspielerei und bewusster Exaltiertheit. Sie ist einerseits „Produkt ihrer Kultur" zugleich aber auch „Anklage gegen diese Kultur".[51] Die Interpretation dieses Widerstandes ist unterschiedlich, einerseits als „Protest und als Verweigerung von Frauen, die sich typisch weiblichen Pflichten als Frau und Mutter entziehen", oder aber als „karikierende, wenngleich aus innerer Not geborene Weiblichkeitsstereotype".[52]

Wie gezeigt wurde, ändern sich die der Hysterie zugeschriebenen Symptome fortwährend, Foucault erkennt „eine eigenartige, fehlende Stabilität in den Eigenschaften dieser hysterischen und hypochondrischen Leiden, eine seltsame Konfusion ihrer dynamischen Eigenschaften und des Geheimnisses ihrer Chemie."[53]

Außerdem ist zwischen einer medizinisch-psychologischen und einer Alltags- beziehungsweise Laienebene zu unterscheiden. Trotz wech-

---

50 King: Metamorphosen der Hysterie, S.31.

51 Smith-Rosenberg: Weibliche Hysterie, S.294.

52 Ebd., S.35.

53 Foucault: Wahnsinn und Gesellschaft, S.292.

selnder Symptomatik bleibt auf beiden Ebenen diachron und synchron eines immer gleich: Hysterie als Bezeichnung von weiblicher Andersartigkeit, ein Nicht-ins-Bild-Passen der jeweiligen gesellschaftlichen Ordnung und damit verbunden auch immer eine Stigmatisierung als krank, wahnsinnig oder besessen. Daraus wird ersichtlich, dass nicht die Hysterikerin sich verändert, sondern die Wertvorstellungen der Interpretatoren der Hysterie. Wahnsinn, in diesem Fall die Hysterie, erhält ihre Bedeutung „im Auge des Betrachters".[54] „Beide zusammen – die hysterische Symptombildung wie ihre Interpretation und Behandlung – sind insofern Ausdrucksformen der kulturellen Beziehungen, in denen Hysterica und Diagnostiker stehen."[55] Man kann sogar soweit gehen, zu sagen, dass die jeweils angenommene, ja präferierte Ätiologie und Therapie mehr über den Arzt aussagt als über die Hysterikerin, in etwa so, wie der historische Roman nicht Auskunft über die beschriebene Epoche gibt, sondern vielmehr über die Zeit der Entstehung.

Die laienhafte Vorstellung der Hysterie unterliegt ebenso wie die professionelle Diagnostik Entwicklungstendenzen und subjektivem Empfinden. Befragt man den Duden, so erfährt man, dass unter Hysterie im Allgemeinen „nervöse Aufgeregtheit, Erregtheit, Erregung, Überspanntheit"[56] verstanden wird, Eigenschaften, die weder geschlechtsspezifisch noch pathologisch anmuten. Es scheint fast, als würde die Hysterikerin verschwinden, sie räumt ihren Platz im Feld der Geisteskrankheiten für neue, typisch weibliche Erkrankungen wie Magersucht und fügt sich in die den Normen entsprechende Gesellschaft ein, wenn auch an deren Peripherie. Entwertend bleibt der Begriff *hysterisch* allemal, dem Wahnsinn jedoch scheint er entwachsen zu sein. Mit abnehmender Normierung und zunehmender Individualisierung verliert die Hysterie kontinuierlich ihre Stellung des Widerstandes, zu groß ist der Spielraum der akzeptierten Handlungsmöglichkeiten mittlerweile geworden. Dies wiederum spiegelt zwei Tatsachen wider:

Der Wahnsinn steht in Wechselwirkung mit der vorherrschenden Gesellschaftsnorm. Deren kontinuierliche Entwicklung führt als Reaktion darauf zu einem Wandel des Wahnsinns. Die unterdrückte, zum Schweigen verurteilte Frau reagiert mit übertriebenem, lautem, Aufmerksamkeit erzwingendem Verhalten. Die Magersüchtige, so scheint es zumindest meist der Fall zu sein, kämpft nicht gegen die Unterdrückung der Gesellschaft, sondern gegen sich selbst. Auch hier sind keine

---

54 Weickmann: Rebellion der Sinne, 1997, S.42.

55 King: Metamorphosen der Hysterie, S.35.

56 Duden - Deutsches Universalwörterbuch, 5. Aufl. Mannheim 2003 [CD-ROM].

monokausalen Erklärungsansätze angebracht, nicht einmal auf der einfachsten und allgemeinsten Ebene sind die Motive der Magersüchtigen einheitlich. So kann die Krankheit in manchen Fällen als Übererfüllung einer Idealvorstellung gedeutet werden, in anderen als Versuch gegen die Norm zu verstoßen und so vor männlichen Zudringlichkeiten geschützt zu sein, also ein „Verschwinden von Sinnlichkeit", „ein Weniger anstelle von Mehr".[57]

Dies muss nicht zwangsläufig bedeuten, dass bestimmte Phänomene aufhören zu existieren, denn gleichzeitig kann ein Verschieben der Normen dazu führen, dass ehemals abnorme Verhaltensweisen nun *innerhalb* der gesellschaftlichen Grenzen ihren Platz finden.

In beiden Fällen wird der Konstruktcharakter der Hysterie deutlich. Durch die erwähnte gesellschaftliche Wechselwirkung dreht sich die Hysterikerin im Kreis: Frauen, die durch als hysterisch bezeichnete, bewusste Verhaltensweisen gegen die Unterdrückung des Systems rebellieren, gelten als wahnsinnig, gleichzeitig brechen viele Frauen unter dem Druck ebendieses Systems zusammen, weil es ihnen auf Dauer nicht gelingt, ihm zu entsprechen und werden ihrerseits wahnsinnig. Was Vera King über die Hysterie sagt, trifft auf den weiblichen Wahnsinn an sich zu: Im Wahnsinn drücken sich „Selbstbehauptung" und „Selbstverlust von Frauen"[58] gleichermaßen aus. Der Wahnsinn fügt sich in die „Listen der Ohnmacht"[59] ein, er macht Frauen nicht immer nur zum Opfer einer patriarchalen Gesellschaft, er ist gleichzeitig eine Widerstandsform. Die patriarchale Gesellschaft darf dabei nicht mit den Männern einer Gesellschaft gleichgesetzt werden, auch Frauen tragen das Patriarchat zum Teil mit und grenzen andere Frauen aus.

Die Erklärung der Hysterie als Widerstandsform gegen Unterdrückung wird gestützt durch das Auftreten hysterischer Verhaltensweisen bei Männern, die sich in weibliche Positionen versetzt sehen, was, so paradox es klingt, bei Soldaten der Fall ist. Der Soldat[60] befindet sich, „was seine Anatomie und seinen Einfluß betrifft, in einer ähnlichen Lage" wie eine Frau, zudem sollte nicht vergessen werden, „daß die männliche Hysterie gewöhnlich als Erschöpfungszeichen im Krieg oder als

---

57 Bertoluzza: Der weibliche Wahnsinn zwischen Ästhetisierung und Verleugnung, S.16.

58 King: Metamorphosen der Hysterie, S.35.

59 Honegger/Heintz: Listen der Ohnmacht.

60 Ein schönes Beispiel für die Verbindung von Wahnsinn und Krieg ist Joseph Hellers *Catch 22*: Flieger Yossarian gibt vor verrückt zu sein, um vom Dienst suspendiert zu werden, wer aber keine so riskanten Flüge mehr machen will, ist offensichtlich bei klarem Verstand und muss deshalb weiter fliegen.

Bombenschock auftrat".[61] Im Amerika des 19. Jahrhunderts wurden vor allem Immigranten, Bergarbeiter, Eisenbahnarbeiter, Schwarze[62] mit der Diagnose Hysterie bedacht. Es handelt sich dabei also durchwegs um mittellose, unterdrückte Gruppen, denen, gleich wie Frauen, kein Platz im Diskurs der Bestimmenden zustand. Es ist kein Zufall, dass die Frauenbewegung und die Sklavenbefreiung, beziehungsweise danach die Emanzipation der Schwarzen, Hand in Hand gingen, leider ist es ebenso kein Zufall, dass die schwarzen Frauen von der großen Befreiung weit weniger profitierten als die schwarzen Männer. Szasz vergleicht die Diskriminierung der Wahnsinnigen mit der von religiösen Gruppen, Ethnien und Suchtkranken:

> Alle diese Verfolgten haben gemeinsam, daß die Opfer von der Majorität nicht gepeinigt werden, weil sie offen aggressiv oder destruktiv handelten wie ein Dieb oder Mörder, sondern weil ihr Verhalten oder ihr Erscheinungsbild die Gruppe empört, die Unterschiede zwischen Menschen nicht duldet, ja geradezu fürchtet.[63]

Dass benachteiligte ethnische und soziale Gruppen und Frauen[64] häufiger zum Wahnsinn neigen, hängt mit deren Stellung im Diskurs zusammen: Es ist leicht der Norm zu entsprechen, wenn man selbst die Norm bestimmt. Dadurch sind nicht nur Frauen, sondern auch die Armen prädestiniert dazu, mit der Kategorie des Wahnsinns in Verbindung gebracht zu werden. Pointiert ausgedrückt, werden Verhaltensweisen, die bei armen Menschen als verrückt gelten, beim Millionär als exzentrisch belächelt und entschuldigt.

Durch die zunehmenden Individualisierungstendenzen beider Geschlechter, abnehmende (oder zumindest sich verändernde) Normierung und die steigende Autonomie der Frau, verschwimmen die Geschlechtergrenzen. Hysterie ist der Wahnsinn der Frau, der kein Platz im Diskurs zugestanden wird. Es ist der Wahnsinn, der zum Schweigen verurteilten Frau. Ist der Platz der Frau im Diskurs auch immer noch in den hinteren Reihen angesiedelt, so ist die Hysterie als Instrument des Widerstandes kontraproduktiv geworden.

---

[61] Smith-Rosenberg: Weibliche Hysterie, S.295, Anm.4.

[62] Vgl. ebd., S.295, Anm. 4.

[63] Szasz: Die Fabrikation des Wahnsinns, S.289.

[64] Dass Frauen meist zusätzlich zu den unterdrückten ethnischen und sozialen Gruppen erwähnt werden, verdeckt die Tatsache, dass Frauen auch Teil dieser Gruppen und damit auch doppelt benachteiligt sind.

2.3 Sigmund Freud

Keine Kritik an Freud kommt aus, ohne seine Leistungen zu loben. Zu groß war sein Einfluss und zu wegweisend waren viele seiner Ausführungen, vor allem zur Bedeutung des Unbewussten. Gerade diese unanzweifelbaren Verdienste haben Freud lange Zeit unantastbar gemacht. Doch nur weil viele seiner Thesen wichtig waren, sind Freuds Theorien nicht per se richtig. Die Diskussion darüber ist ausufernd, deshalb nur ein paar Überlegungen dazu: Freuds Untersuchungen sind sowohl zeitlich, geographisch als auch demographisch extrem eingeschränkt und daher alles andere als repräsentativ. Er zieht seine Schlüsse auf Basis seiner Patientinnen, also auf einer Gruppe von Frauen aus dem gehobenen Wiener, oder, um Patientinnen wie Marie Bonaparte mit einzubeziehen, europäischen Bürgertum. Wie Freud selbst sind auch seine Thesen von der Zeit der Jahrhundertwende geprägt und sollten auch in diesem epochalen Kontext gelesen werden:

> Zum Beispiel beruht Freuds Theorie vom sexuellen Ursprung der Neurose auf der Tatsache, daß viele seiner ersten Patientinnen an Hysterie litten – und er stellte fest, daß die Ursache dafür sexuelle Verdrängung war. Orthodoxe Freudianer glauben auch heute noch an den sexuellen Ursprung aller Neurosen, und da sie nach unbewußten sexuellen Erinnerungen bei ihren Patienten suchen und das, was sie hören, in sexuelle Symbole übersetzen, finden sie eigentlich immer, was sie suchen.[65]

Verdrängte Sexualität und Geschlechtlichkeit war in der immer noch vom Viktorianischen Zeitalter geprägten Welt Freuds sicherlich häufig und seine Beobachtungen zur Entstehung von Neurosen daher nachvollziehbar. Doch darf der Wandel der Gesellschaft bei der Anwendung seiner Überlegungen nicht außer Acht gelassen werden. Zudem scheinen viele seiner Theorien stark persönlich beeinflusst zu sein, sein Ödipuskomplex erinnert an seine Beziehung zu seiner eigenen Mutter. Zwar hörte Freud den Frauen erstmals zu, die Interpretation und Präsentation ihrer Fallgeschichten sind jedoch patriarchal und selbstbezogen. „Viele andere Kritiker Freuds haben in jüngster Zeit überzeugend nachgewiesen, daß Freud seine Patienten zu Erzählungen genötigt hat, die mit seinen Theorien im Einklang standen."[66] Freud scheint so sehr von seinen am Beginn der Behandlung getroffenen Diagnosen überzeugt gewesen zu sein, dass er nicht davor zurückschreckte, auch manipulativ einzugreifen:

65 Friedan: Der Weiblichkeitswahn oder die Selbstbefeiung der Frau, S.74.

66 Showalter: Hystorien, S.65f.

> Wenn die Erinnerungen des Patienten nicht auf die angenommene traumatische Verursachung hindeuteten, erklärte Freud, dann „sagen wir dem Kranken, dieses Erlebnis erkläre nichts, es müsse sich aber hinter ihm ein bedeutsameres, früheres Erlebnis verbergen, und lenken seine Aufmerksamkeit nach derselben Technik auf den Assoziationsfaden, welcher beide Erinnerungen, die aufgefundene und die aufzufindende verknüpft"[67].[68]

Soll Freud hier auch keine offene Misogynie vorgeworfen werden, so hatten Frauen für ihn weder ein Recht auf Gleichberechtigung noch nahm er sie für voll. Seine Ausführungen zum Penisneid, um nur ein Beispiel zu nennen, sind zwar heute längst als völlig unzutreffend erkannt worden, waren aber für junge Frauen damals, welche um das Recht für Bildung kämpften, ein Schlag ins Gesicht:

> Der Wunsch, den ersehnten Penis endlich doch zu bekommen, kann noch seinen Beitrag zu den Motiven leisten, die das gereifte Weib in die Analyse drängen, und was sie verständiger Weise von der Analyse erwarten kann, etwa die Fähigkeit, einen intellektuellen Beruf auszuüben, läßt sich oft als eine sublimierte Abwandlung dieses verdrängten Wunsches erkennen.[69]

Freud macht aus der Frau, die Gleichberechtigung fordert, die aktiv am Diskurs partizipieren will, eine Kranke. Der unterstellte Neid auf das männliche Geschlechtsorgan bezeugt patriarchale Selbstherrlichkeit und die Besessenheit von der eigenen Männlichkeit. In Umkehrung der herrschenden Situation, wäre es genauso absurd, Männern, welche sich gegen Unterdrückung durch Frauen zur Wehr setzten, Gebär(mutter)neid zu unterstellen.

2.4. Magersucht, die Nachfolgerin der Hysterie?

Zunächst sei festgestellt, dass diese Arbeit Theorien, welche die Magersucht als Nachfolgephänomen der Hysterie[70] bezeichnen, mehr als kritisch gegenübersteht:

---

67 Freud: Zur Ätiologie der Hysterie, S.65, zitiert nach: Showalter: Hystorien, S.66.

68 Showalter: Hystorien, S.66.

69 Freud: Neue Folge der Vorlesungen zur Einführung in die Psychoanalyse, S.173, zitiert nach: Friedan: Der Weiblichkeitswahn oder die Selbstbefeiung der Frau, S.79.

70 Vgl.: Miklautz: *Hysterisch oder liebeskrank?*, Christa von Braun: *Nichtich*, Liliane Studer: *Ellen West. Das Leben lastet wie eine Wolke auf mir.*

> Eine andere Form der tragischen Entgrenzung zeigt die Eßsüchtige, die vor Hunger nach Befreiung aus der Ohnmacht ihre Körpergrenzen immer weiter ausdehnen will, oder die Magersüchtige, die Nahrung verweigert, bis sich ihre Körpergrenzen immer mehr einschränken, um sich im Nichts aufzulösen.[71]

Hier dient der Körper als Instrument des Widerstandes, eben so, wie ihn die Hysterikerin vorher gebraucht hat. Es ist sehr fragwürdig, ob es angebracht ist, die Magersucht (und auch die Esssucht) in den gleichen Kontext zu stellen, auch ein so abstrakter Umgang, wie er bei der Hysterie möglich ist, erscheint unzulässig. Die Hysterie ist ein sich ständig wandelndes, soziales Konstrukt ohne scharf umrissene Symptomatik. Die Betroffenen müssen gar nicht unter ihrem Zustand leiden, meist wird er ihnen nur von Außen zugewiesen, sie müssen weder sich selbst noch andere schädigen, allein das Anders-Sein reicht oft schon aus. Die Magersüchtige hingegen hat konkrete psychosomatische Symptome, die in vielen Fällen zum Tod führen. Die Symptomatik ist eindeutig und eingrenzbar. Es scheint also angebracht, von *der* Hysterikerin als Überbegriff für das gesellschaftliche Konstrukt zu sprechen, nicht aber von *der* Magersüchtigen. Sie ist zweifellos ein Produkt der gesellschaftlichen Umstände, auch dass ihr Körper als Spiegel ihres Inneren dient, ist unbestritten, aber sie ist eben kein Konzept. Die Magersucht kann Negierung des Weiblichen sein, genauso wie Übererfüllung. Im Falle der Anorexie ist es krankhafte Selbstdisziplin, im Falle der Bulimie eher das Gegenteil, der Kampf mit der Selbstdisziplin wird immer wieder verloren. Die Ätiologie ist vielfältig und in jedem Fall sehr individuell. Die Magersucht nur als Ausbruch aus der Geschlechterrolle zu interpretieren und sie zu einem Konzept zu erheben, kommt einer Instrumentalisierung der Magersucht im Dienste eines radikalen Feminismus gleich und wird daher abgelehnt.

Der eben nicht Konzept-Charakter der Magersüchtigen spiegelt sich auch in der Literatur wider. Während die Hysterikerin zu den stereotypen Figuren in der Literatur zählt, ist dies bei der Magersüchtigen nicht der Fall. Wenn Magersucht literarisch verarbeitet wird, dann meist autobiographisch.

---

71 Duda: Wahnsinnsfrauen, Vorwort, S.8.

3. Der Wahnsinn als gesellschaftliches Konstrukt

3.1. Männlicher und weiblicher Wahnsinn?

Die Frage, ob es einen spezifisch männlichen oder spezifisch weiblichen Wahnsinn gibt, lässt sich nur unbefriedigend beantworten. Statistiken zeigen allerdings eindeutig, dass es bestimmte Geisteskrankheiten gibt, die bei Männern oder bei Frauen gehäuft auftreten. Strittig ist, weshalb das so ist. Möglich wären physiologische Unterschiede, dies ist jedoch in den meisten Fällen auszuschließen. Andere Theorien sind im Kontext des Genderdiskurses zu lesen: Geht man wie Judith Butler davon aus, dass die Geschlechtsidentität (gender) ein soziales Konstrukt ist, muss man schlussfolgern, dass auch die männliche oder weibliche Geisteskrankheit ein eben solches ist.

Für beide Geschlechter können zwei unterschiedliche Erklärungsmuster festgestellt werden, deren extremsten Ausprägungen folgendermaßen aussehen:

Mit Aufkommen der Gentechnologie entsteht eine medizinische Richtung, die Krankheiten im Allgemeinen und Geisteskrankheiten im Speziellen auf einen genetischen Defekt oder auch auf spezielle Gene zurückführt. So gilt als Auslöser von Schizophrenie das schizophrene Gen.[72] Die Genetik ist noch lange nicht so weit, um diese Theorie beweisen (oder entkräften) zu können. In jedem Fall wird dadurch nicht nur die Psychotherapie infrage gestellt, sondern die Verbindung von Wahnsinn und Gesellschaft. Damit erübrigte es sich allerdings auch, über gesellschaftliche Missstände und Ursachen nachzudenken:

> Als eine Technologie, die genetische Ursachen des Wahnsinns behauptet, seine Formen auf ein genetisches Substrat reduziert, löst ihr Diskurs den psychologischen ab, weist ihn heute schon als historisches Relikt aus und öffnet damit einer *Therapie* den Weg, die den Wahnsinn als wahrnehmbares, soziales Phänomen völlig verschwinden läßt.[73]

In radikaler Auslegung dieser Theorie, wird der Geist vom Gen abgelöst und der Mensch von jeglicher Verantwortung für sein Tun entbunden.[74]

---

72 Vgl.: Bertoluzza: Der weibliche Wahnsinn zwischen Ästhetisierung und Verleugnung, S.23.

73 Ebd., S.23.

74 So gibt es Wissenschaftler, die auf der Suche nach einem Serienmörder-Gen sind.

Gegensätzlich dazu gibt es auch rein gesellschaftlich und sozial orientierte Entstehungstheorien. Damit wiederum wäre die Suche nach somatischen Ätiologien überflüssig.

Monokausale Erklärungsansätze, wie die beiden Vorgestellten, greifen bei der Frage nach den Ursachen des Wahnsinns zu kurz. Für manche Geisteskrankheiten mag es somatische/genetische Ursachen geben, andere auf soziale Faktoren zurückzuführen sein. Im Allgemeinen handelt es sich aber um ein Zusammenspiel vieler Faktoren, zu groß, ja beinahe unüberschaubar ist das Gebiet des Wahnsinns und zu schwammig und undefinierbar sind seine Grenzen. Wie falsch die Wissenschaft oft liegt, hat sich in der Geschichte gezeigt, wie am Beispiel des Mythos der im Körper der Hysterikerin herumwandernden Gebärmutter oder aus dem Umgang mit Homosexualität ersichtlich ist.

Ein Unterschied im Verhalten von Männern und Frauen kann schon in der Kindheit festgestellt werden. So bezieht sich Phyllis Chesler unter anderem auf Statistiken von Erziehungsberatungsstellen, wonach Jungen meist wegen „aggressiven, destruktiven (antisozialen) und rivalisierenden Verhaltens [...] Mädchen aber (falls überhaupt) wegen Persönlichkeitsstörungen wie übermäßige Angst, Unruhe, Scheu, Schüchternheit, Mangel an Selbstvertrauen und Minderwertigkeitsgefühlen“[75] zu solchen Beratungsstellen gebracht werden. Den Schluss, den Phyllis Chesler aus Untersuchungen über Verhaltensstörungen von Kindern zieht, bestätigt die Medizin auch für das Erwachsenenalter: Männer neigen im Allgemeinen zu aggressivem Verhalten anderen gegenüber, die weibliche Aggression hingegen wendet sich nach innen, gegen die Frau selbst.[76] Zu den gehäuft bei Männern auftretenden Symptomen[77] zählen „Alkoholismus, Drogenabhängigkeit, psychopathische Störungen und hirnorganische Erkrankungen“, Frauen hingegen neigen zu „Depressionen, Frigidität, Paranoia, Neurosen, Suizidversuchen und Angst“[78]. Die Medizin konstatiert ebenfalls eine Prädisposition des Mannes zu gewalttätigem Verhalten, erklärbar unter anderem durch den unterschiedlichen Hormonhaushalt von Männern und Frauen. Es ist jedoch hinzuzufügen, dass dabei nicht ein grundsätzlicher Unter-

---

75 Chesler: Frauen – das verrückte Geschlecht, S.39.

76 Vgl.: Chesler: Frauen – das verrückte Geschlecht, S.39

77 Der Begriff der männlichen oder weiblichen Krankheit soll an dieser Stelle bewusst vermieden werden, auch wenn er in der medizinischen Fachliteratur durchaus verwendet wird.

78 Chesler: Frauen – das verrückte Geschlecht, S.39f. Chesler stützt sich auf Studien von E. Ziegler und L. Phillips sowie auf Diagnosen, die in psychiatrischen Einrichtungen der USA zwischen 1966 und 1968 erstellt wurden.

schied des vorhandenen Aggressionspotenziales gemeint ist, sondern wie sich Aggression entlädt, was beim Mann eher auf physischer, bei Frauen auf psychischer, oftmals selbstschädigender Ebene passiert.[79]

Neben den nicht abzustreitenden physiologischen Unterschieden scheint vor allem die Sozialisation ausschlaggebend zu sein, die sich nach gesellschaftlich definierten, männlichen und weiblichen Stereotypen richtet.

3.2. Männliche und weibliche Stereotype

Offensichtlich ist auch: Verrückt ist nicht gleich verrückt. Frauen und Männer werden wegen unterschiedlichen Symptomen für verrückt erklärt. Verhaltensweisen, die bei Männern normal sind oder zumindest geduldet werden, sind bei Frauen schon ein Zeichen des Wahnsinns und umgekehrt. Dies wiederum zeigt, dass Wahnsinn meist nicht ein krankhaftes, selbst oder andere schädigendes Abweichen vom individuellen Charakter und Verhalten ausdrückt, sondern ein Abweichen vom gesellschaftlich normierten Rollenbild. Dieses Rollenbild konstituiert sich nicht nur aus den Kategorien männlich und weiblich, diese haben aber eine übergeordnete Funktion, noch vor Kategorien wie Religion oder soziale Schicht. Auch in der Religion und der sozialen Schicht kommen der Frau und dem Mann unterschiedliche Aufgaben und Verhaltensweisen zu. Das Geschlecht dient als oberstes und gröbstes Kategorisierungsmerkmal, man spricht von einer „zweigeschlechtlich strukturierten Gesellschaft",[80] die sich in alle Lebensbereiche zieht. Die Geschlechtskategorie ist nicht nur biologisch, sondern auch und vor allem sozial:

> Dies ist regelmäßig dann der Fall, wenn weniger die individuelle Person mit ihren individuellen Fähigkeiten Subjekt oder Objekt von Wahrnehmung und Handeln wird, sondern mehr die Person als Mitglied einer sozialen Kategorie. Diese Mitgliedschaft in einer sozialen Kategorie führt dann dazu, daß bestimmte Erwartungen aktiviert werden, die als Stereotype im Sinne von Wahrscheinlichkeitsannahmen wirken und als Rollenerwartungen normativen Charakter tragen können. Die Erfüllung dieser Rollenerwartungen kann den individuellen Fähigkeiten geradezu zuwiderlaufen oder jedenfalls nicht besonders entsprechen.[81]

---

79 Vgl.: Neuhaus: Sexualität im Diskurs der Literatur, S.38f.

80 Alfermann: Geschlechtsrollen und geschlechtstypisches Verhalten, S.168.

81 Ebd., S.7.

Eine Untersuchung in 25 Ländern ergab eine Reihe von Eigenschaften, die von den Befragten als typisch maskulin oder feminin genannt werden. Dabei gab es keine großen Unterschiede, sehr viele Eigenschaften wurden sogar in allen 25 Ländern genannt. Als besonders maskuline Eigenschaften gelten zum Beispiel:

> anmaßend, aggressiv, unabhängig, robust, klar denkend, emotionslos, rational, grob, entschlossen, tatkräftig, aktiv, weise, mutig, selbstbewusst, einfallsreich, ehrgeizig, kräftig, unternehmenslustig, unnachgiebig.

Als feminine Eigenschaften gelten hingegen:

> milde, liebevoll, geschwätzig, affektiert, furchtsam, emotional, schwach, unterwürfig, neugierig, charmant, attraktiv, träumerisch, abhängig, einfühlsam.[82]

Auffallend ist, dass es keine Doppelnennungen gegeben hat. Typisch männliche und weibliche Eigenschaften sind demnach absolut konträr. Männer sind rational, Frauen gefühlsbetont, der Mann ist prinzipiell unabhängig, die Frau abhängig. Die stereotypen Wesensmerkmale erscheinen extrem deutlich getrennt, es gibt nur ein Entweder-Oder und keine Gemeinsamkeiten.

Hier zeigt sich auch schon die Qualität der zugeordneten Eigenschaften: Der Mann ist der aktive Part der Gesellschaft. Er bestimmt, was er kann, da *er* ja klar denkend, rational und weise ist. Er verfügt auch über den notwendigen Ehrgeiz und die Durchsetzungskraft. Die Frau hingegen ist zu schwach und zu unterwürfig, um zu bestimmen. Sie zeichnet sich durch Emotion aus, nicht durch Verstand, das zeigt das Fehlen jeglicher intellektueller Eigenschaften. Verstand und Gefühl, Aktivität und Passivität, sind grob umrissen die Antagonismen der Geschlechter. Dies führt selbstredend zu einer unterschiedlichen Aufgaben- und Rollenverteilung: Der Mann als Ernährer und entscheidende Instanz, die Frau als emotionale Unterstützung und optischer Aufputz.

Entscheidend sind dabei nicht nur die genannten Eigenschaften, sondern eben auch jene, welche nicht aufgezählt wurden. Typisch feminine Merkmale werden beim Mann negiert: so wird das Merkmal emotional nicht einfach nur nicht genannt, sondern bewusst ins Gegenteil verkehrt als emotionslos. Die Nicht-Nennung von intellektuellen Fähigkeiten bei der Frau hingegen impliziert automatisch Dummheit, was aber nicht ausgesprochen wird. Insgesamt lässt sich festhalten, „ daß das männliche Stereotyp eine höhere gesellschaftliche Bewertung wider-

---

82 Studie von Williams&Best 1990, zitiert nach: Alferman: Geschlechtsrollen und geschlechtstypisches Verhalten, S.16f.

spiegelt", zudem werden „positive maskuline Eigenschaften häufiger genannt" und es ist eine „Höherwertigkeit des männlichen Stereotyps festzustellen".[83]

Die genannten Stereotype sind für den Wahnsinn sehr bedeutend, da die Grenze zwischen Wahn und Gesundheit im Laufe der Geschichte häufig mit der Grenze zwischen den Geschlechtern übereinstimmte. So wurde zum Beispiel das Tragen von Männerkleidern von Frauen als Blasphemie oder sogar als Zeichen der Besessenheit verurteilt, es war zum Beispiel einer der Anklagepunkte, mit denen Jeanne d'Arc sich konfrontiert sah.

Stereotype sind ein zweischneidiges Schwert. Scheint der Begriff mittlerweile im Wesentlichen negativ konnotiert zu sein, so haben Stereotypen doch eine wichtige Funktion: In einer immer unübersichtlicher werdenden Welt helfen sie, Situationen und Personen einzuschätzen. Sie schaffen Metastrukturen, wirken praktisch wie Schablonen, ohne die wir vor allem in fremden, ungewohnten Situationen völlig überfordert wären. Gleichzeitig führen die rasante Entwicklung und die zunehmende Individualisierung zu einer Erweiterung und Auflösung von bisher bestehenden Grenzen. Kategorien verschwimmen und Stereotype treffen dadurch immer weniger zu. Für den Umgang mit dem Individuum sind sie jedenfalls völlig ungeeignet. Stereotype arbeiten „wie Wahrscheinlichkeitsannahmen über Gruppenmitglieder".[84] Je inhomogener die Gruppe ist, umso schwieriger sind Wahrscheinlichkeiten auszurechnen und umso unzutreffender sind Stereotype.

Stereotype und Normen hängen zusammen. Während Stereotype angeben, wie bestimmte Sachverhalte oder Gruppen, in unserem Fall Männer und Frauen, angeblich sind, legen Normen fest, wie Männer und Frauen sein sollen. Bis zu einem gewissen Grad unterliegen Stereotype einem Automatismus. Wie Normen können sie aber auch von den Machthabenden bewusst gebildet oder zumindest gefestigt und eingesetzt werden. Vor allem totalitäre Systeme strotzen nur so vor Vereinfachungen und Stereotypisierungen. Stereotype dienen nicht nur zur Kategorisierung komplexer Sachverhalte, sie führen auch zu einer Zementierung herrschender Verhältnisse. Sie wecken Erwartungshaltungen, diese wiederum beeinflussen Verhalten und Selbstdarstellung. „Die Wirksamkeit von Erwartungen auf die Eindrucks- und Urteilsbildung und darauf aufbauend auf die soziale Interaktion zwischen Per-

---

83 Alfermann: Geschlechtsrollen und geschlechtstypisches Verhalten, S.17. Alfermann bezieht sich nicht nur auf die erwähnte Studie sondern auch auf mehrere ähnliche Studien, z.B. in Deutschland.

84 Ebd., S.27.

sonen ist in Forschungsarbeiten zur *self-fulfilling prophecy* wohl dokumentiert."[85] Die gesellschaftliche Erwartungshaltung hat die Frau zum unterdrückten Geschlecht gemacht.

Die den Frauen zugeschriebenen Eigenschaften sind zur Ausübung von Macht oder zum Leisten von Widerstand nicht geeignet. Frauen in hohen Positionen müssen also unweigerlich über typisch männliche Eigenschaften verfügen. Gewinn von Macht nur über Verlust von Weiblichkeit, ist die Folge. Spitzenpolitikerinnen sind das beste Beispiel: Um in eine hohe Position zu kommen, müssen sie über Ehrgeiz, Durchsetzungsvermögen und den Willen zur Macht verfügen. Haben sie es dann geschafft, so weit zu kommen, werden sie meist nach den Maßstäben des Geschlechterstereotypes beurteilt: Ihr Aussehen wird beurteilt, Frisur und Kleidung bemängelt, ihre im politischen Diskurs notwendigen aggressiven Eigenschaften lassen sie unweiblich und damit auch unsympathisch wirken, so kann man keine Wahlen gewinnen. Zeigt sie hingegen Gefühl, ist sie für die Macht offensichtlich zu schwach. Das Stereotyp bestimmt die Geschlechterrollen, diese die Arbeits- und Machtverteilung. Der Wahnsinn als soziales Phänomen ist in vielen Fällen eine direkte Reaktion darauf: Wahnsinn als Rebellion gegen Unterdrückung, Wahnsinn aber auch als Reaktion auf die Diskrepanz zwischen von Stereotypen geprägte Erwartungen an Angehörige einer bestimmten Gruppe, und dem Individuum, welches diesen Erwartungen nicht entsprechen kann oder will.

Im Zusammenhang mit Stereotypen ist auch die Gender-Thematik von Bedeutung. Denn geschlechtsorientierte Stereotype berücksichtigen nur das anatomische Geschlecht, nicht aber die Geschlechtsidentität. Damit wird entweder abgestritten, dass es einen Unterschied zwischen *sex* und *gender* gibt, oder es wird automatisch vorausgesetzt, dass beides übereinstimmt, was faktisch ersterem gleichkommt:

> Da das *Geschlecht* eine politische und kulturelle Interpretation des Körpers ist, gibt es keine Unterscheidung anatomisches Geschlecht *(sex)*/Geschlechtsidentität *(gender)* gemäß den Linien der Konventionen. Die Geschlechtsidentität ist bereits in das Geschlecht eingebaut, und das anatomische Geschlecht ist, wie sich gezeigt hat, schon von Anfang an Geschlechtsidentität.[86]

85 Ebd., S.28.

86 Butler: Das Unbehagen der Geschlechter, S.169.

3.3. Wahnsinn, Macht und Geschlecht

Genie und Wahnsinn liegen nahe beieinander und auch mit der Macht bildet der Wahnsinn ein prominentes Paar. Nicht erst die Diktatoren des 20. Jahrhunderts haben das bewiesen, der Caesarenwahn ist schon seit der Antike sprichwörtlich. Von Commodus über die Staufer, Welfen und Habsburger bis zu Napoleon, Hitler und Stalin: Schon immer hat es Machthaber gegeben, welche zweifellos geistige Störungen hatten oder zumindest permanent an der Grenze der geistigen Gesundheit wandelten, sei es nun Größenwahn oder absolute Willkür, was viele mit dem Leben bezahlen mussten.

Die wichtigere Verbindung scheint jedoch der instrumentalisierte Wahnsinn zu sein. Der Wahnsinn als Mittel der Ausgrenzung und Isolierung gibt denjenigen die Macht, die bestimmen, wer wahnsinnig ist und wer nicht. Dabei wäre es zu einfach zu sagen, die Diskurshoheit liegt allein bei den Ärzten. Wahnsinn ist ein gesellschaftliches Phänomen, er orientiert sich nicht an einem allgemein verbindlichen Maßstab der geistigen Gesundheit, ein solcher Maßstab existiert nur als gesellschaftliches Konstrukt. Betrachtet man es genau, ist der Wahnsinn nicht konträr zur Vernunft zu sehen, sondern zur Norm. Es ist die Norm, die den Wahnsinn als Abgrenzung braucht, um sich selbst zu definieren und eine Existenzberechtigung zu haben. Ärzte und Psychologen orientieren sich an der Norm, insofern haben sie nicht die alleinige Diskurshoheit, sondern teilen sie mit den normierenden Instanzen, welche vielfältig sind. In jedem Fall liegt die Diskurshoheit bei den Trägern des Patriarchats. Es sind jeweils die Stärksten einer Gesellschaft, welche die Normen bestimmen, und naturgemäß orientieren sie sich dabei an sich selbst. Für alle Gesellschaften gilt, es ist der wohlhabende Mann, der bestimmt, für die westliche Welt ist hinzuzufügen, es ist der wohlhabende weiße Mann. Damit ist die Frau von vornherein in einer schlechten Position. Sie ist von Geburt an *das Andere Geschlecht*, wie Simon de Beauvoir es treffend formuliert hat. Weder hat sie die Möglichkeit, die Norm mitzubestimmen, noch kann sie sich gegen die bestehenden Normen wehren. Die Frau wird von vornherein aufgrund ihrer Geschlechtszugehörigkeit aus dem Machtdiskurs entfernt. Frau-Sein ist das oberste Kriterium ihrer Identität. Der Gender-Diskurs belehrt uns eines besseren. Judith Butler wendet sich dagegen, dass „Identitätskategorien als *Ursprung* und *Ursache* bezeichnet werden, obgleich sie in Wirklichkeit *Effekte* von Institutionen, Verfahrensweisen und Diskursen mit vielfältigen und diffusen Ursprungsorten sind".[87] Die Möglichkeit

87 Bulter, Judith: Das Unbehagen der Geschlechter, S.9.

Identitätskategorien zu bestimmen oder zu beeinflussen, ist ein entscheidendes Mittel der Macht:

> Die Benennung des Geschlechts ist ein Herrschafts- und Zwangsakt, eine institutionelle Performanz, die die gesellschaftliche Realität schafft und dem Gesetzt unterwirft, indem sie die diskursive/perzeptuelle Konstruktion des Körpers gemäß den Prinzipien der sexuellen Differenz verlangt.[88]

Die einseitige Machtverteilung entsteht laut Judith Butler also nicht erst durch eine naturgegebene Geschlechtsidentität, sondern die Geschlechtsidentität wird konstruiert und instrumentalisiert:

> Mir schien, daß Macht weit mehr ist als ein Austausch zwischen Subjekten oder ein ständiges Umkehrverhältnis zwischen dem Subjekt und dem/r Anderen; tatsächlich zeigte sich, daß die Macht in der Produktion des binären Rahmens, der das Denken über die Geschlechtsidentität bestimmt, am Werke ist.[89]

Der Wahnsinn wird mitunter ganz konkret eingesetzt, um Frauen von der Macht fernzuhalten. Johanna die Wahnsinnige (1479-1555) trägt diesen uncharmanten Beinamen nicht ganz zu Recht, auch wenn immer noch Geschichten von Johanna, die den Sarg ihres Ehemannes Philipp dem Schöne mit sich herumschleppt, im Umlauf sind. Nekrophil sei sie gewesen, heutigen Historikern zufolge begleitete sie nur den Sarg ihres Mannes. Den Sarg dabei mehrmals öffnen zu lassen war ihre Pflicht, so wollte man verhindern, dass der wertvolle Leib gestohlen oder heimlich ausgetauscht wurde, so seltsam uns dieser Brauch heute auch erscheinen mag. Johannas Unglück war es, als rechtmäßige Herrscherin eines Weltreiches geboren zu sein: des Habsburgerreiches in seiner größten Ausprägung. Ihr Vater, ihr Mann und später ihr Sohn beanspruchten diese Macht für sich selbst und erklärten sie für wahnsinnig. Vom eigenen Sohn Karl wurde sie jahrzehntelang in ein Verlies gesperrt, wo sie dann wohl tatsächlich verrückt wurde:

> Ob Juana wahnsinnig war oder nicht, ob die Frage überhaupt relevant ist oder nicht – eines kann über die unglückliche mit ziemlicher Sicherheit ausgesagt werden: Wäre sie ein Mann gewesen – sie wäre nicht wahnsinnig geworden. [...] Kein Vater, kein Sohn – und schon gar nicht die Gemahlin – wäre auf die wahnsinnige Idee gekommen, Juana das Erbe und die Herrschaft streitig zu machen.[90]

---

88 Ebd., S.172.

89 Ebd., S.8.

90 Koch-Kanz/Pusch: Johanna die Wahnsinnige, S.38.

Deutlich werden die unterschiedlichen Maßstäbe, die an Männer und Frauen angelegt werden. Durch ihre untergeordnete Stellung im Diskurs ist sie Angriffen wehrlos ausgeliefert. Es ist eine doppelte Falle: Entweder sie ordnet sich unter und lässt mit sich machen, oder sie wehrt sich und bietet genau dadurch wieder Angriffsfläche. Der Größen- und Zerstörungswahn männlicher Herrscher hingegen hat diese nicht von der Macht ferngehalten.

Eine Instrumentalisierung des Wahnsinns setzt eine Instrumentalisierung der Vernunft voraus. Damit setzten sich Philosophen wie Kant, Hegel und Horkheimer auseinander. Horkheimers „Aufmerksamkeit gehört einer Gegenwart, die die Vernunft formalisiert und instrumentalisiert, das heißt jedwedem Interesse dienstbar gemacht hat."[91] Horkheimer spricht von einem Diktat der Vernunft, welches „die Individuen zur Selbstverleugnung" [92] zwinge. Die gleiche Auffassung teilt auch Foucault in *Die Ordnung des Diskurses*:

> Die allgemeine Vernunft begründete ein System der Ausschließungen, Prozeduren der Identifikation und der formalen Ordnung, dem gerade auch derjenige unterworfen ist, der es einklagt in der Erwartung, es beherrschen zu können. Die instrumentelle Vernunft jedoch regelt die Verhältnisse auf ihre Weise. Das Individuum, schreibt Horkheimer, hat sich Gewalt anzutun.
>
> In der Perspektive der Kritischen Theorie bestimmen Hemmung, Disziplin und Verzicht die Praxis moderner Vernunftherrschaft.[93]

Zu begrüßen ist die kritische Vernunft, abzulehnen die instrumentelle. Sie beschränkt den Diskurs, sie lenkt eines der drei großen „Ausschließungssysteme"[94], die Foucault definiert hat, „die Ausgrenzung des Wahnsinns".[95] Das System der Vernunft ist ein patriarchales. Die Frau symbolisiert die Unvernunft bis heute, wie das feminine Stereotyp zeigt. Die weibliche Emotionalität steht im Kontrast zur männlichen Rationalität und wird damit mit der Unvernunft gleichgesetzt. Für den Wahnsinn gilt das gleiche. In Wahrheit scheinen beide nicht das Gegenteil der Vernunft darzustellen, sondern vielmehr ihr Opfer zu sein. Was Foucault über den Wahnsinn sagt, trifft auch auf die Frau zu: Beide werden vom Diskurs in ihren eigenen Diskurs gezwungen, der nicht gehört wird. Der Diskurs ist nicht nur das Instrument der Macht, er ist

---

91 Konersman: Der Philosoph mit der Maske, S.86.

92 Ebd., S.87.

93 Ebd., S.87.

94 Foucault: Die Ordnung des Diskurses, S.16.

95 Ebd., S16.

auch Ziel des Begehrens.[96] Der Frau und dem Wahnsinn bleiben der Diskurs der Macht und die Macht des Diskurses verwehrt. Die als wahnsinnig Bezeichneten finden sich dadurch in einer ausweglosen Situation: Dem Wahnsinnigen wird die Befähigung zum Diskurs abgesprochen, ihm wird „die Korrektivwirkung des Dialoges entzogen":

> Vergeblich beharrt der vermeintlich Irre darauf, daß er *nicht* krank sei; seine Unfähigkeit *einzusehen*, daß er es doch ist, gilt als Kennzeichen seiner Krankheit. Vergebens lehnt er es ab, behandelt und hospitalisiert, das heißt gefoltert und eingesperrt zu werden – daß er sich der psychiatrischen Autorität nicht beugen will, gilt als weiteres Zeichen seiner Krankheit.[97]

Dies trifft in gleichem Maße auf die Frau in der Geschichte zu: Allein der Versuch sich ihrer Rolle des Schweigens zu entziehen, den Dialog zu suchen und in den Diskurs einzutreten, rückt sie in die Nähe des Wahnsinns. Bestes Beispiel dafür ist wiederum die Hexe. Dass der Hexenhammer ausgerechnet die Hebamme als Verdorbenste aller Frauen bezeichnet, ist kein Zufall. Schlimmer noch als die böse Hexe ist nämlich die gute. Die Hebamme und andere heilkundige Frauen verfügten durch ihr Wissen über Macht. Das Volk achtete sie und nahm ihre Dienste in Anspruch. Dadurch wurden sie zur Konkurrenz für die Kirche, was diese mit Gewalt zu unterbinden wusste. William Perkins, Englands berühmtester Hexenjäger, dazu:

> Es wäre tausendmal besser für das Land, wenn die Hexen, zumal die wohltätigen Hexen, den Tod erlitten. Gemeinhin hassen und bespeien die Menschen den schädlichen Zauberer als einen, der es nicht wert ist, unter ihnen zu leben, aber zu dem anderen flüchten sie sich in der Not, auf ihn verlassen sie sich als auf ihren Gott, und so werden Tausende in völlige Verwirrung gestürzt. Daher ist der Tod das gerechte und verdiente Los der Guten Hexe.[98]

Es ist nicht weiter verwunderlich, dass die Geschichtsschreibung die Hexe lieber in eine Reihe mit der Wahnsinnigen stellt, als sie in einer Tradition mit den Ärzten und der Medizin zu sehen. Die Frau wird in der Historiographie entweder nicht wahrgenommen oder als Opfer präsentiert. Als Trägerin von Macht tritt sie nur in der absoluten Ausnahme in Erscheinung, und dann nicht im Alltagsleben, sondern an der Spitze. Dann jedoch wird sie zum Mythos stilisiert, geistert durch Dramen und Verfilmungen, wird praktisch unsterblich. Es sind Cleopatra,

---

96 Vgl.: Foucault: Die Ordnung des Diskurses, S.11.

97 Szasz: Die Fabrikation des Wahnsinns, S.14.

98 William Perkins, zitiert nach Szasz: Die Fabrikation des Wahnsinns, S.140.

Elizabeth I. von England und Maria Theresia, an die wir uns erinnern und die wir mit Macht verbinden. Die Kirche hat es geschafft, die gute Hexe zu entmachten und ihr dadurch auch in der Geschichtsschreibung den Platz des Opfers zugewiesen.

Auch wenn die Frau im 21. Jahrhundert aktives Mitglied des Diskurses geworden ist, die Positionen der Macht sind weiterhin männlich besetzt, auch wenn sie den Frauen theoretisch zuständen (Machtpositionen in der katholischen Kirche und Institutionen anderer Religionen stehen ihr noch immer nicht offen). Die Diskrepanz zwischen dem theoretischen, weil gesetzlich erlaubten, Zugang zu hohen Positionen und der gläsernen Decke, gegen die Frauen heute immer noch stoßen, kann Frauen in die Verzweiflung treiben. (Weiblicher) Wahnsinn und Macht sind demnach auch heute noch aktuell.

3.4. Wahnsinn und Sexualität

Geschlechterstereotype und Geschlechterrollen ziehen ihre Grenzen der Kategorisierung und Normierung auch im Bereich der Sexualität. Traditionell ein mit Tabus und Verboten behaftetes Gebiet, werden Verstöße gegen die Norm besonders streng geahndet. Die Bewertung der Sexualität der Frau schwankt zwischen Überbetonung und Verbot. Sie ist einmal die lustvolle Erotikerin und einmal die unterwürfige, Sexualität nur zum Fortpflanzungszweck zulassende Ehefrau. An den normverstoßenden Polen finden sich unersättliche Liebestollheit und Frigidität. Es ist kein Zufall, dass die prototypische weibliche Geisteskrankheit, die Hysterie, meist eine sexuelle Begründung und Bewertung gefunden hat. Bis heute wird die Frau in ihrer Sexualität beschnitten. Das Patriarchat hat ihr selbst beziehungsweise gerade in diesem privaten Bereich kein Recht auf Selbstbestimmung erlaubt. Denn eben weil es sich dabei um einen so intimen Bereich handelt, wirken die Vorgaben und Zwänge als nützlichstes Mittel der Unterdrückung. Die Frau, der Vernunft beraubt und auf ihren Körper reduziert, hat selbst über dieses reduzierte Sein keine Macht mehr. Sie ist dem Patriarchat wehrlos ausgeliefert, ihr Körper gehört ihr nicht.

Die Frau ist ein sexuell bestimmtes Wesen. Wenn Beauvoir die Frau als *das andere Geschlecht bezeichnet,* so bezeichnet Monique Witting das weibliche, als das einzige Geschlecht überhaupt:

> Das Geschlecht ist immer schon weiblich (female), und es gibt nur ein Geschlecht, nämlich das feminine. Männlich sein bedeutet, nicht sexuell bestimmt (sexed) zu sein. Denn sexuell bestimmt sein, beinhaltet immer eine Form, partikular und relativ zu werden, während die

männlichen Wesen als universale Personen an diesem System teilhaben. Witting zufolge beinhaltet der Ausdruck weibliches Geschlecht also kein anderes Geschlecht wie etwa ein männliches. Der Begriff weibliches Geschlecht impliziert nur sich selbst, als gleichsam in den Sexus verstrickt, im Zirkel der Immanenz gefangen, wie Beauvoir es nannte.[99]

Die „sprachliche Unterscheidung des *Geschlechts*"[100] stützt ein System der Zwangsheterosexualität, das Witting und Butler zufolge nur politisch und kulturell konstruiert wird. Ein solches System muss zu einer Diskrepanz zwischen Individuum und Gesellschaft führen, welche wiederum den Wahnsinn begünstigt.

Von Beginn an ist die Ätiologie des weiblichen Wahnsinns sexuell geprägt. Die von Männern bestimmte Norm der weiblichen Sexualität ist so eng, dass es kaum möglich ist, nicht dagegen zu verstoßen. Sexuelle Abstinenz, Masturbation, zu viel Verkehr oder zu wenig, Homosexualität sind nur einige Begriffe, die im Laufe der Geschichte immer wieder auftauchen, entweder als Symptom oder als Ursache des Wahnsinns. Die Widersprüche sind offensichtlich: Weder darf die Frau sich verweigern, noch sollte sie Lust empfinden. Empfindet sie jedoch keine Lust, ist sie frigide oder gar dem eigenen Geschlecht zugeneigt. Die viel beschworene 68er-Bewegung hat der Sexualität zwar viele Schranken geöffnet, war in ihrer radikalen Ausprägung aber genauer betrachtet genauso intolerant wie die herrschende Norm, die man zu bekämpfen suchte. Die Devise lautete nämlich nicht, jeder nach seiner Façon, was eine tatsächliche Befreiung darstellen würde, sondern wechselnde Sexualpartner, was einhergeht mit der Ablehnung fester Beziehungen, eine Sexualauffassung, welche wiederum dem männlichen Sexualtrieb mehr entspricht als dem weiblichen. Die Radikalität ist zwar gewichen, geblieben ist jedoch nur eine relative Freiheit zur Selbstbestimmung, und gerade in den letzten Jahren ist ein Ansteigen von Sexismus in den Medien bemerkbar. Der Markt wird überspült mit brutalen Gewaltpornos und durch die neuen technischen Möglichkeiten ist es ein leichtes für Kinder und Jugendliche, an diese heranzukommen und sie über ihre Handys auszutauschen. Dies führt zu einer Suggestion von Sexualität, welche in Wahrheit so nicht existiert, gerade dadurch aber Einzug in die Realität halten kann. Gefördert wird dies durch die Medien, welche so genannte „Vergewaltigungsrapper" wie Sido[101] und Bushido

99 Butler: Das Unbehagen der Geschlechter, S.168f.

100 Ebd., S.168.

101 Sidos „Arschficksong" zum Beispiel beschreibt, wie er ein junges Mädchen anal vergewaltigt. Trotzdem haben sich weder die großen Musik- noch andere große Sender von ihm distanziert.

salonfähig machen. Es ist nicht weiter verwunderlich, dass unter diesen Umständen viele Jugendliche eine gestörtes Verhältnis zu Sexualität aufbauen, womit beide Geschlechter gemeint sind, die Mädchen aber wieder zu den Opfern gehören.

Selbstverständlich gibt es auch beim Wahnsinn des Mannes sexuelle Komponenten. Männliche Homosexualität wurde seit der Antike genauso wenig toleriert wie weibliche. Wie stark der Wahnsinn ein Abweichen von der Norm ist und wie einseitig diese Norm männlich geprägt ist, zeigt, dass die Frau schon alleine wegen ihrer Anatomie mit dem Wahnsinn stärker verbunden ist als der Mann. Neben dem wandernden Uterus hält sich auch der Mythos der Menstruation, welche die Frau temporär unzurechnungsfähig macht, hartnäckig.

„Einfluß auf den Verlauf des Irreseins hätten für die Frau generell die Tage der Menstruation, ferner Menstruationsbeschwerden, Erkrankungen im Bereich des Genitalsystems, Schwangerschaft, Geburt und Laktation".[102] Schaps bezieht sich hier auf Wilhelm Griesinger, ähnliche Aussagen finden sich aber auch noch im 20. Jahrhundert.

Sexueller Missbrauch ist ein wesentlicher Faktor weiblichen Wahnsinns. Das Trauma, das vergewaltigte Frauen zu bewältigen haben, wurde mittlerweile als Pendant der Kriegsneurosen von Veteranen erkannt:

> Die Studien über Hysterie im späten 19. Jahrhundert scheiterten an dem Problem des Sexualtraumas. Zur Zeit dieser Untersuchungen wußte man nicht, daß Gewalt normaler Bestandteil des Sexual- und Familienlebens von Frauen ist. Freud kam dieser Wahrheit nahe und zog sich entsetzt zurück. Fast während des ganzen 20. Jahrhunderts blieb es der Untersuchungen von Kriegsveteranen vorbehalten, das Wissen über traumabedingte Störungen voranzubringen. Erst mit der Frauenbewegung der siebziger Jahre stellte sich allmählich heraus, daß die typischen und häufigsten Opfer posttraumatischer Störungen nicht Männer im Krieg, sondern Frauen im bürgerlichen Alltag sind.[103]

Doch nicht einmal der Opferstatus der sexuell missbrauchten Frau wird ihr allein zugestanden. Schon im Altertum galt Vergewaltigung als „Vergehen […] gegen den Mann, der über die Frau Macht hat".[104] Noch heute werden Frauen im Krieg systematisch vergewaltigt, um ihre Männer oder männlichen Familienmitglieder zu demütigen.

---

102 Schaps: Hysterie und Weiblichkeit, S.47.

103 Herman: Die Narben der Gewalt, S.28, zitiert nach Pusch: Wahnsinns Frauen, S.391.

104 Vgl.: Foucault: Sexualität und Wahrheit 2, S.187.

3.5. Wahnsinn als Widerstand?

Wie vor allem die Ausführungen über die Hysterie gezeigt haben, ist der Wahnsinn nicht nur ein Instrument, um Widerstand zu brechen, sondern auch ein Instrument des Widerstandes selbst. Er kann als Kampf gegen die vorgesehene Rolle in der Gesellschaft, der Familie oder der Mann-Frau Beziehung gesehen werden. Der weibliche Wahnsinn als Auflehnung gegen das patriarchale System, das ihr Entfaltung, Selbstbestimmung und Gleichberechtigung verwehrt. Die Instrumentalisierung des Wahnsinns durch das Patriarchat birgt eine große Gefahr in sich: die Instrumentalisierung des Wahnsinns durch den Feminismus:

> It is certainly possible to see hysteria within the specific historical framework of the nineteenth century as an unconscious form of feminist protest, the counterpart of the attack on patriarchal values carried out by the women's movement of the time. [...] Such claims, however, come dangerously close to romanticizing and endorsing madness as a desirable form of rebellion rather than seeing it as the desperate communication of the powerless. For madness, as Shoshana Felman has noted, is "quite the opposite of rebellion. Madness is the impasse confronting those whom cultural conditioning has deprived of the very means of protest or self-affirmation."[105] A serious historical study of the female malady should not romanticize madness as one of women's wrongs any more than it should accept an essentialist equation between feminity and insanity. Rather, it must investigate how, in a particular cultural context, notions of gender influence the definition and, consequently, the treatment of mental disorder.[106]

Zeichnet sich das männliche Bild der Wahnsinnigen beziehungsweise der Frau an sich durch eine starke Dichotomie zwischen der *femme fragile* und der *femme fatale* aus, so wird diese Stereotypisierung vom Feminismus zwar klar erkannt und kritisiert, doch ist dieser nicht davor gefeit, ebenfalls in eine zu grobe Kategorisierung zu verfallen. Einerseits wird die Opferrolle betont, andererseits will man die Passivität, in welche die Frau durch das Patriarchat gezwungen wird, nicht noch weiter betonen und hebt daher den Wahnsinn als Form des Widerstandes hervor. Dies würde die Frau zwar aus ihrer passiven Objektrolle befreien und sie zum Agens machen, doch zeichnet der Wahnsinn sich nicht eben durch Unfreiwilligkeit aus? Und spielt das dem Patriarchat nicht wieder in die Hände? Kann man eine Aktivität, welche die Handelnde in die Psychiatrie bringt und den Machthabenden die Rechtfer-

105 Felman: Woman and Madness, S.2.

106 Showalter: The female malady, S.5.

tigung, weshalb sie die Frauen aus dem Diskurs ausschließen, praktisch zu Füßen legt, als Widerstand deuten? Der Wahnsinn als gesellschaftliches Konstrukt lässt keine eindeutige Antwort auf diese Fragen zu. In manchen Fällen ist der Wahnsinn eine Form des aktiven Widerstandes, nämlich dann, wenn der Wahnsinn für ein Abweichen von der Norm steht, unter dem nicht die Betroffene leidet, sondern die Gesellschaft auf der Suche nach Abgrenzung ist. Verweigert sie das Ablegen ihrer Andersartigkeit, worin diese auch immer bestehen mag, so kann dies als Widerstand gedeutet werden. Solche Fälle sollten jedoch nicht davon ablenken, dass Wahnsinn auch und vor allem eine Hilflosigkeit bedeutet, die, wie Showalter so treffend formuliert, „the desperate communication of the powerless"[107] darstellt. Auch von feministischer Seite besteht die Gefahr der Ästhetisierung des Wahnsinns, indem die großen Wahnsinnigen der Geschichte heroisiert und zum Vorbild genommen werden. Dazu muss ihr Wahnsinn als Widerstand interpretiert werden, aber nur zu leicht wird übersehen, dass diese Frauen am Ende meist Opfer waren. Jeanne d'Arc, Silvia Plath, Virginia Woolf, Marilyn Monroe, die Liste von Frauen, welche oft beinahe kultisch verehrt werden und als Identifikationsfigur beziehungsweise Vorbild dienen, ließe sich noch lange fortführen. Gemeinsam haben sie, dass sie eines unnatürlichen Todes starben, ermordet wurden oder ihrem Leben selbst ein Ende setzten. Der Versuch, ihr Leiden in den Kontext des weiblichen Wahnsinns als Widerstandsform einzubetten, ist eine Instrumentalisierung und wird dem Individuum nicht gerecht. Die Antwort auf eine patriarchale Stereotypisierung der Wahnsinnigen sollte nicht ein feministisches Gegen-Stereotyp sein.

---

107 Siehe Anm. 95.

III. Die Wahnsinnige in der Literatur

1. Das Motiv des weiblichen Wahnsinns

Die Tatsache, dass der Wahnsinn ein gesellschaftliches Konstrukt und damit nicht deckungsgleich mit tatsächlichen geistigen Erkrankungen gesehen werden kann, eröffnet ein weites Feld und verhindert eine lineare Verfolgung der Tradition, in der sich die Wahnsinnige befindet. Ausgrenzung und Isolation, Stigmatisierung, Verleumdung und Andersartigkeit, die Liste, welche den Wahnsinn bestimmt, könnte noch lange fortgesetzt werden. Das Spektrum an Symptomen, welche Frauen im Laufe der Geschichte mit dem Wahnsinn in Verbindung gebracht haben, ist so breit, dass auch heute noch beinahe jede Frau sich mit zumindest einer von ihnen identifizieren kann.

Das literarische Motiv des Wahnsinns beginnt mit der ersten Frau überhaupt, mit Eva. Sieht man von der misogynen Haltung der Kirche, Eva als die Urmutter der Sünde zu stilisieren, einmal ab, kommt man zu einer gänzlich anderen Interpretation: Evas Griff nach dem Apfel könnte auch als der Wunsch der Frau nach Bildung gelesen werden, welcher umgehend bestraft wird. Ihre Gegenfigur ist die Jungfrau Maria: unschuldig, passiv, ihre einzige Aufgabe und Auszeichnung ist es, Mutter eines Mannes zu sein. Darauf aufbauend lassen sich bei der Darstellung von Frauen in der Literatur zwei grobe Entwicklungslinien erkennen: die *femme fragile* und die *femme fatale*.

1.1. *Femme fragile* und *femme fatale*

Die *femme fragile* und die *femme fatale* sind literarische, beziehungsweise auch in Film und Kunst gebräuchliche, stereotype Konzepte, an denen sich die Darstellung des weiblichen Wahnsinns häufig orientiert. Viele Figuren, die einem der beiden Typen zugeordnet werden können, werden tatsächlich geisteskrank. Die *femme fatale* trägt oft schon aufgrund ihres geschlechtsuntypischen Auftretens wegen, das Attribut des Wahnsinns mit sich:

> Die femme fragile repräsentiert den zarten anämisch-ätherischen Madonnentypus, den die Präraffaeliten in ihren Gemälden bevorzugten, die Femme fatale dagegen den blutsaugenden Vampir, das kreatürliche Weib, Nachfolgerin der Sirenen und Hexen. Beide stellen im Grunde Phantasieausgeburten der Männer dar, sind also in der Grauzone zwischen Wunsch und Angst angesiedelt. Die eine ist das perfek-

te Opfer, die andere die perfekte Täterin. Es handelt sich also um eine Neuauflage von Maria und Eva, Heiliger und Hure.[108]

Die *femme fragile* ist schwach und schutzbedürftig, zerbrechlich eben, wie der Name schon sagt. Dass sie „dem präraffaelitischen Ideal der bildenden Kunst in England entlehnt wurde",[109] deutet auf ihre Stereotypie und Symbolhaftigkeit hin. Äußerlich ist sie kränklich, blass, mit melancholischem Blick, aber als idealisiertes Weiblichkeitskonstrukt notwendigerweise wunderschön. Ihre Krankheit, sei sie körperlich, wie die Schwindsucht, oder psychisch, wird ästhetisch verklärt.[110] Sie definiert sich nur über einen Mann, zuerst durch den Vater, oder auch einen Bruder, später über ihren Ehemann, Symbol dafür ist das Ablegen des Mädchennamens. In der Trivialliteratur wird ihr meist als Happy End eine Heirat mit dem Helden beschert, von dem sie sich vorher aus einer gefährlichen Situation retten lassen durfte. Die höhere Literatur kennt jedoch kein Happy End und so droht der *femme fragile* hier meist ein böses Ende und sie muss sterben, oft durch Selbstmord. Ein Beispiel dafür ist Friedrich Hebbels Klara aus dem Drama *Maria Magdalena*. Der titelgebende Name spielt auf die biblische Sünderin an. Diese wird von einem Mann gerettet und rehabilitiert, Klara, die unehelich Schwangere, springt in einen Brunnen, um dem Vater die Schande zu ersparen.

Die *femme fragile* scheint lange Zeit die perfekte Frau darzustellen. „Sie soll den Frauen und Mädchen ein Vorbild sein; so hätte die Männerwelt gerne ihre Töchter, Gattinnen und Schwestern. Oft entsprangen diese Figuren weiblichen Köpfen, die sich mit der männlichen Wertewelt voll identifizierten."[111] Dieser Idealtypus korreliert mit dem femininen Stereotyp und funktioniert nur in einer Gesellschaft, die Ehe und Mutterschaft als einziges anzustrebendes Ziel der Frau propagiert. Es ist kein Zufall, dass die *femme fragile* ihre Blütezeit im späten 19., frühen 20. Jahrhundert erlebt. Ein bürgerliches Milieu, das von Häuslichkeit und unterdrückter Sexualität geprägt ist, scheint geradezu prädestiniert zu sein, einen solchen Frauentypus hervorzubringen. „The death of a beautiful young lady"[112], das poetischste aller literarischen Motive, wie Edgar Allen Poe in seinem Essay *The Philosophy of Composition* sagt, trifft vollkommen auf die *femme fragile* zu. Und zwar schon bevor sie endgül-

108 Miklautz, Monika: Hysterisch oder liebeskrank?, S.102.

109 Schaps: Hysterie und Weiblichkeit, S.139.

110 Vgl. ebd., S.139f.

111 Ebd.: S.162.

112 Poe: The Philosophy of Composition, S.19, zitiert nach: Bronfen: Nur über ihre Leiche, S.89.

tig dahinscheiden darf. Schon davor ist sie passiv und morbid, ihr Tod ist keine Option, sondern steht im Grunde schon fest. Böse Zungen sagen, „the death of a beautiful young lady“ sei deshalb für Männer so anziehend, weil sie dadurch ein Maximum an Passivität und Verfügbarkeit erreicht.

Die *femme fragile* ist oft auch eine *femme enfant*,[113] eine Kindfrau, die sich vor allem durch Abhängigkeit und Asexualität auszeichnet. Die Asexualität ist oft nur oberflächlich und wird durch sexuell konnotierte Symbole kontrastiert, zum Beispiel durch Blumen. Ein Beispiel dafür ist Ibsens Titeltfigur Nora, die später noch behandelt werden sollte.

Die *femme fatale* repräsentiert das Gegenteil der *femme fragile*. Die Liste ihrer Vertreterinnen ist lang:

> Die Femme fatale, die sich im letzten Drittel des 19. Jahrhunderts herausbildet, ist eine Nachfahrin der romantischen Undine, aber ebenso der rasenden Weiber aus der Trauerspiel-Literatur des 18. Jahrhunderts, der Hexen des 15. bis 17. Jahrhunderts, der ruchlos-mächtigen Renaissancegestalten wie Lucrezia Borgia, der biblischen Skandalfiguren wie Salome, Judith und Dalila, der antiken verführerischen Machtweiber wie Helena und Kleopatra und der mythologischen Monster wie Gorgo und Medusa.[114]

Wird die *femme fatale* auch erst im späten 19. Jahrhundert zur so bezeichneten, gebräulichen Figur, finden wir sie jedoch schon in der antiken Mythologie. Die Grenzen dieser Figur sind nicht scharf umrissen und sie tritt uns in immer wieder veränderter Gestalt entgegen.[115] Konstituierend für die *femme fatale* ist ihre Schönheit, ihr Stolz und ihr Hang zum Verbrechen, eine Kombination, die meist einen Mann ins Unglück treibt. Ihr feminines, anziehendes Äußeres wird von Eigenschaften kontrastiert, die dem weiblichen Geschlechtsstereotyp zuwiderlaufen. Meist ist sie grausam, machthungrig und unberechenbar, in jedem Fall zeichnet sie sich durch Eigeninitiative und Unabhängigkeit aus. Diese Eigenschaften allein reichen oft schon aus um sie in die Nähe des Wahnsinns zu stellen, oft endet sie aber tatsächlich in demselben:

> Gegen Ende des 19. Jahrhunderts, das den Höhepunkt einer literarisch zur Darstellung gelangten Expressivität von Weiblichkeit markiert, endet der Rausch dieser dämonisch exaltierten Erotik nicht selten im

---

113 Vgl.: Knoll: Die Femme fragile, S.46.

114 Stein: Femme fatale – Vamp – Blaustrumpf, S.12.

115 Vgl.: Damblemont: La féminité dévorante, S.82.

> Delirium einer vom Wahnsinn Besessenen, in einem furchtbaren hysterischen Anfall oder im Todesschrei einer Dahinsiechenden.[116]

Typische Vertreterinnen der *femme fatale* sind Oscar Wildes *Salome*, Wedekinds *Lulu* und Henrik Ibsens *Hedda Gabler*. Sie haben gemeinsam, dass sie berechnend und grausam sind. Sehr oft sind Figuren, die in der Tradition der *femme fatale* stehen, Hysterikerinnen. Sie spielen eine Rolle, agieren theatralisch und manipulieren ihr Umfeld. Auch wenn die *femme fatale* meist mit einer zwischen Angst und Wunsch schwankenden Männerphantasie gleichgesetzt wird, kann man ihr auch positive Deutungen abgewinnen:

> Die Figur der femme fatale enthält eine implizite Kritik. Kritik nicht nur an der prekären Situation des Mannes, seiner Ichschwäche und verdrängten Triebverfallenheit, sondern auch Kritik an der traditionell untergeordneten Situation der Frau, ihre Beschränkung auf eine passive und asexuelle Rolle in der bürgerlichen Gesellschaft. Daß die patriarchalische Rollenzuweisung mit der Femme fatale durchbrochen werden, macht diese Figur auch für Frauen attraktiv.[117]

Das Durchbrechen patriarchalischer Rollenzuweisungen endet meist für sie selbst fatal. Ein interessantes Beispiel ist Ibsens *Hedda Gabler*. Sie ist zweifellos eine *femme fatale*, jedoch keine typische. Obwohl sie schon zu Beginn des Stückes verheiratet ist und nun eigentlich Tesman heißt, ist der titelgebende Name ihr Mädchenname. Das deutet auf ihre Unabhängigkeit hin, die sie sich auch in ihrer Ehe nicht nehmen lässt. Sie treibt ihren ehemaligen Geliebten Lövborg in den Selbstmord und wird damit von Brack, einem Freund ihres naiven Ehemannes, erpresst. „Abhängig von Ihrem Wunsch und Willen. Unfrei. Unfrei also! [..] Nein, – den Gedanken ertrag ich nicht! Nie und nimmer."[118] Um dieser Unfreiheit, die sie in ihrer Ehe vermeiden konnte, zu entgehen, begeht sie Selbstmord.

Auch im Film tummelt sich eine beinahe unüberschaubare Menge an *femme fatale*-Figuren. In Alfred Hitchcocks Werk zum Beispiel finden sich einige Frauenfiguren, die diesem Typus zu entsprechen scheinen. Die diebische *Marnie* im gleichnamigen Film, die Mordkomplizin Madleine Elster in *Vertigo* sind nur zwei Beispiele. Die Qualität von Hitchcocks Figuren zeigt sich aber gerade darin, dass das Stereotyp gebrochen und psychologisiert wird.

---

116 Schaps: Hysterie und Weiblichkeit, S.142.

117 Hilmes: Die femme fatale, S.14.

118 Ibsen: Hedda Gabler, S.193.

1.2. Die Wahnsinnige in der männlichen Literatur

Die männliche Literatur wiederholt im Großen und Ganzen konsequent zwei Stereotype, und das über Epochen hinweg:

> Die gefährliche, aufsässige Hysterikerin, die wütende Wahnsinnige, welche sich mit ihrer zweitrangigen Rolle nicht zufrieden gibt und notfalls auch zu riskanten Mitteln greift, um zu bekommen, was sie wünscht. In der Genesis stürzt schon die erste Frau überhaupt, Eva, die ganze Menschheit ins Unheil. Sie geistert als Furie und Medea durch die antiken Mythen, bei Shakespeare trägt sie den Namen Lady Macbeth.
>
> Die wunderschöne, junge Frau, die durch ihr Liebesleid in den Wahnsinn gestürzt wird und meist Selbstmord begeht. Sie verkörpert das literarische Motiv, welches von Edgar Allen Poe als das Größte proklamiert wurde: the death of a beautiful young lady. Es ist Shakespeares Ophelia, die der Schmerz ins Wasser treibt.

Die meisten Figuren sind selbstverständlich irgendwo dazwischen angesiedelt. Wirklich interessant sind die Figuren, die die durch Stereotype produzierten Erwartungshaltungen brechen und bewusst damit spielen. Texte, welche das machen und dadurch eine individuelle Darstellung des Wahnsinns wählen, sollen im letzten Teil dieser Arbeit vorgestellt werden, an dieser Stelle sei nur auf Autoren wie Ibsen und Fontane hingewiesen.

Die Magersüchtige kommt im Gegensatz zur Hysterikerin in von Männern verfasster Literatur nicht vor. Das Weniger statt Mehr entspricht nicht den männlichen Vorstellungen von der Frau, die Magersüchtige ist entsinnlicht und erscheint dadurch schon rein äußerlich entweiblicht. Sie lässt sich auch nicht funktionalisieren, nicht als Objekt der Begierde, hat sie doch ihre Schönheit verloren, noch als dem Mann gefährlich, wie die Hysterikerin, wendet sich doch ihre Krankheit gegen sie selbst.

Die Betonung der bipolaren und oft stereotypen Darstellung weiblicher Figuren in der männlichen Literatur soll nicht andeuten, dass stereotype Darstellungen bei Autorinnen nicht vorkommen, durch eine Anpassung an patriarchale Verhältnisse wären vielmehr auch diese zur männlichen Literatur zu zählen.

2. Die Schriftstellerin und der Wahnsinn

> […] was aber wahr ist, […] ist die Tatsache, daß eine Frau, die im 16. Jahrhundert mit einer großen Begabung geboren wurde, ganz sicher verrückt werden mußte, sich erschießen mußte oder ihre Tage in einer einsamen Hütte außerhalb des Dorfes hätte beschließen müssen, halb Hexe halb Magierin, gefürchtet und verhöhnt. Denn es bedarf nur weniger Kenntnisse in Psychologie, um sicher zu sein, daß hochbegabte Mädchen, die versucht hätten ihre Gabe für Poesie zu gebrauchen, von anderen Leuten so viel in den Weg gestellt bekommen hätten, so behindert worden wären, so gepeinigt und von ihren eigenen entgegengesetzten Instinkten hin und her gerissen worden wären, daß sie Gesundheit und Verstand mit Sicherheit verlieren mussten.[119]
>
> Virginia Woolf

Virginia Woolfs Werk *A Room of One's Own* ist eine Mischung aus Fiktion und Dokumentation. Der Essay setzt sich mit den Schwierigkeiten auseinander, denen kreative, schreibende Frauen seit jeher ausgesetzt waren. Schreibt sie hier über das 16. Jahrhundert, und stellt sich vor, wie es einer fiktiven Schwester Shakespeares mit Dichterambitionen, ergangen wäre, so sahen sie und ihre Schriftstellerkolleginnen sich auch in ihrem eigenen, dem 20. Jahrhundert, mit den Einschränkungen einer konservativen und patriarchalen Männergesellschaft konfrontiert. Es gibt eine Reihe von Autorinnen, die in ihren meist stark autobiographischen Texten, die Hindernisse, die ihrem Schreiben im Weg stehen, thematisieren. Neben Virginia Woolf sind noch Anne Sexton, Silvia Plath, Christine Lavant oder auch Irmgard Keun zu nennen. Die Schriftstellerin steht exemplarisch für die Frau, die zerrissen ist, zwischen ihrer Begabung beziehungsweise ihrem Wunsch eine kreative Tätigkeit auszuüben und der von der Gesellschaft für sie vorgesehenen Rolle. Jahrhundertelang war es für eine angesehene Frau unmöglich einen Beruf auszuüben. Geschrieben wurde, bis auf die wenigen bekannten Ausnahmen, wie Jane Austen oder die Brontë-Schwestern, im Geheimen oder zumindest im Stillen, ohne dafür Anerkennung zu erhalten. Im 20. Jahrhundert gibt es zwar mehr und mehr schreibende Frauen, viele zerbrechen aber an der Unmöglichkeit, gleichzeitig als Frau und als Schriftstellerin akzeptiert zu werden:

> Biographies and letters of gifted women who suffered mental breakdowns have suggested that madness is the price women artists have had to pay fort he exercise of their creativity in a male dominated culture.[120]

---

119 Woolf: Ein Zimmer für sich allein, S.57.

120 Showalter: The female malady, S.4.

In ihrer Untersuchung *The Madwoman in the Attic* erweitern Sandra Gilbert und Susan Gubar diesen biographischen Ansatz auf die fiktionale Ebene. Deutlich ist die starke autobiographische Note vieler Texte. Dabei darf jedoch eines nicht vergessen werden: Wie autobiographisch ein Text auch sein mag, er muss in jedem Fall als rein fiktional analysiert werden. Es scheint, dass viele feministische Arbeiten dazu tendieren, fiktionale Texte zu autobiographisch zu lesen, insbesondere da viele Autorinnen tatsächlich als wahnsinnig galten oder an geistigen Erkrankungen litten. Dabei besteht die Gefahr, unterschiedliche Maßstäbe an Texte und Figuren zu legen: So werden stereotype weibliche Wahnsinns-Figuren männlicher Autoren als unrealistisch und misogyn kritisiert, andere Figuren wiederum als Bestätigung der Realität verwendet:

> In der Doppelfunktion des feministischen Diskurses zwischen Ideologiekritik einerseits und Autorisierungsprojekt andererseits deutet sich ein inkonsequenter Umgang mit dem Konzept der Repräsentation an. Denn während die dominanten wissenschaftlichen Theorien und kulturellen Diskursen erzeugten Darstellungen verrückter Frauen als *unangemessene Bilder* gelten, werden die (Selbst-)Darstellungen der Marginalisierten diesen Konstruktionen als *authentische Äußerungen* entgegengesetzt.[121]

Schlichter bezieht sich in ihrer Kritik hauptsächlich auf die Arbeiten Phyllis Cheslers und Elaine Showalters. Beide haben Standardwerke von unbestrittener Wichtigkeit geschrieben, zu hinterfragen ist jedoch das Mischen von realen Interviews mit Betroffenen und literarischen Texten.[122]

Der Wahnsinn der Schriftstellerin emanzipierte sich von der rein autobiographischen Ebene und wurde zum literarischen Motiv. Die bekanntesten Beispiele dafür finden sich in der englischsprachigen Literatur, Silvia Plath's *The Bell Jar*, Charlotte Perkins Gilman's *The yellow wallpaper* oder Doris Lessing's *To room nineteen*, das schon im Titel den Bezug zu Woolfs Essay *A room of one's own* herstellt, um nur einige zu nennen. Aus der Gender-Perspektive interessant ist Woolfs *Mrs. Dalloway*. Dort ist es zwar ein Dichter, der dem Wahnsinn verfällt, Woolf verleiht ihren Figuren aber oft geschlechtsneutrale Züge, oder sogar solche, die den gängigen Geschlechterrollen widersprechen, so dass der wahnsinnige Poet als Reflexionsfigur beider Geschlechter erscheint. Im deutschsprachigen Raum werden die Wahnsinnige und die Schriftstellerin zwar

121 Schlichter, Anette: Die Figur der verrückten Frau, S.73.

122 Vgl. ebd., S.71f.

durchaus auch kombiniert, ein fixes Motiv hat sich jedoch nicht etabliert.

3. Shakespeare: Lady Macbeth und Ophelia

Shakespeare schuf eine Reihe berühmter Wahnsinnsgestalten. Leontes in *Ein Wintermärchen*, Lear in *König Lear*, Hamlet wie Ophelia in *Hamlet* und Lady Macbeth in *Macbeth* sind wohl die bekanntesten Figuren, welche den Verstand verlieren, es gibt aber noch einige mehr. Gerade die großen Tragödien sind voller Figuren, die sich am Rande des Wahnsinns befinden, verbindet sich bei Shakespeare doch „der Wahnsinn mit dem Tode und dem Mord."[123] Die zwei prägendsten weiblichen Wahnsinnigen sind zweifellos Lady Macbeth und Ophelia. Sie sind mehr als nur Frauenfiguren bei Shakespeare, sie sind Prototypen literarischer Weiblichkeit. Durch Shakespeares große Bekanntheit und seinen immensen Einfluss auf die internationale Literatur dienten Ophelia und Lady Macbeth als Vorbild für zahlreiche Frauenfiguren. Sie symbolisieren den Typus der *femme fragile* und der *femme fatale* so perfekt, dass sie die stereotype Polarisierung der weiblichen Wahnsinnigen entscheidend mitgeprägt haben. Dabei sind Shakespeares Figuren selbst nicht stereotyp, vor allem Ophelia bricht durch ihren Wahnsinn das Stereotyp der *femme fragile*. Erst in der häufigen Reproduktion werden die beiden im Nachhinein zum Prototyp.

3.1. Lady Macbeth

Die Handlung von Shakespeares kürzestem Drama *Macbeth* ist einfach und allseits bekannt: Dem Feldherrn Macbeth wird von drei Hexen geweissagt, er werde Than von Cawdor und später König werden. Nachdem sich die erste Weissagung erfüllt und er von König Duncan zum Than erhoben wird, nimmt er das Schicksal selbst in die Hand und ermordet den König, der Gast in seinem Haus ist. Macbeths Plan geht auf und er wird König. Um diesen Status zu erhalten, müssen noch weitere Morde folgen, am Schluss kommt es zur Entscheidungsschlacht, in der Macbeth getötet wird. Viel interessanter als Macbeth selbst, ist jedoch seine Frau, die zu Shakespeares berühmtesten Figuren zählt. Lady Macbeths berühmter Monolog, gleich bei ihrem ersten Auftritt, beschäftigt sich mit einem Thema, das aktueller nicht sein könnte: mit Geschlechterrollen und der Gender-Thematik:

> Kommt, Geister, dir ihr lauscht

---

123 Foucault: Wahnsinn und Gesellschaft, S.61.

Auf Mordgedanken, und entweibt mich hier;
Füllt mich vom Wirbel bis zur Zeh', randvoll,
Mit wilder Grausamkeit! verdickt mein Blut;
Sperrt jeden Weg und Eingang dem Erbarmen,
Dass kein anklopfend Mahnen der Natur
Den grimmen Vorsatz lähmt; noch friedlich hemmt
Vom Mord die Hand! Kommt an die Weibesbrust,
Trinkt Galle statt der Milch, ihr Morddämonen!
Wo ihr auch harrt in unsichtbarer Kraft
Auf Unheil der Natur! Komm, schwarze Nacht,
Umwölk dich mit dem dicksten Dampf der Hölle,
Dass nicht mein scharfes Messer sieht die Wunde,
Die es geschlagen hat; noch der Himmel,
Durchschauend aus des Dunkels Vorhang, rufe:
Halt! Halt![124]

Macbeth will zwar König sein, er ist aber ein Feigling. Die wirkliche Aggressorin ist seine Frau. Sie erscheint schon hier als Wahnsinnige, will ihre Weiblichkeit ablegen, die sie daran hindert, einen Mord zu begehen. Lady Macbeth geht also davon aus, dass es einen natürlich Unterschied zwischen Mann und Frau gibt. Das „anklopfend Mahnen der Natur" erinnert sie daran, dass sie als Frau sanft, friedlich und genügsam sein sollte. Um die Tat jedoch vollbringen zu können, muss sie „entweibt" werden, der von der Natur vorgegebene Charakter einer Frau würde sie daran hindern. Lady Macbeth ist grausam, berechnend, ehrgeizig und bestimmend. Alle Eigenschaften, die ihr zugeschrieben werden können, sind männlich konnotiert.

Die Gegenfigur zu Lady Macbeth ist Lady Macduff. Sie ist die stereotype Ehefrau und Mutter. Unschuld, Häuslichkeit und Mütterlichkeit sind die einzigen Eigenschaften, die wir mit ihr verbinden können, sie repräsentiert eine Madonna mit Kind.[125] Lady Macbeth lehnt jedoch die Rolle der Mütterlichkeit ab. „Und trinke meine Milch, als wäre es Galle",[126] die Milch als Symbol der vollendeten Weiblichkeit, der Mutterschaft, wird ins Böse verkehrt, hat sie doch wenige Zeilen vorher die Milch mit Menschenliebe gleichgesetzt. Es ist das Ablehnen ihrer Weiblichkeit und damit der ihr vorbestimmten Rolle, das sie so monströs erscheinen lässt. Die Grausamkeit, welche sie an den Tag legt, hat so gar nichts mit der sinnlich-tugendhaften Verklärtheit einer Ophelia zu tun.

---

124 Shakespeare: Macbeth, 1. Aufzug, 5. Szene.

125 Vgl.: Long: Macbeth, S.55.

126 Diese Übersetzung ist der oben zitierten von Dorothea Tieck vorzuziehen.

Auch in der Beziehung zu ihrem Ehemann nimmt sie die bestimmende und damit männliche Position ein, sie ist es, die die Fäden im Mordkomplott zieht, und sie behält die Nerven, um den Plan zu Ende zu führen. Ist Lady Macduff eine Madonnengestalt, so steht Lady Macbeth in der Tradition Evas als böse Einflüsterin, die den schwachen Macbeth erst zur Sünde überredet. Ihre Geschlechterrolle verhindert, dass sie selbst in den Machtdiskurs eintritt, die einzige Möglichkeit, trotzdem Macht auszuüben, ist über ihren Mann:

> In accordance with such a conception of gender, a woman has no business trying to arbitrate as to what is and is not male by chiding her husband for his lack of masculinity, and no business seeking to outdo him in fearless and readiness for blood. In an imaginative world like this, such a woman can only be an abomination.[127]

Doch wie immer bei Shakespeare bleibt die böse Tat nicht unbestraft. Lady Macbeth verfällt dem „Wahn der gerechten Strafe".[128] Der Wahnsinn ist dabei nicht nur Strafe sondern auch der Weg zur Wahrheit:

> Der Wahnsinn liefert in jenen geisteskranken Worten, die man nicht bezähmen kann, seinen eigenen Sinn aus, er sagt in seinen Wahngespinsten seine geheime Wahrheit, seine Schreie sprechen für sein Gewissen. So enthüllt das Delirium von Lady Macbeth „denen, die nicht wissen dürften" die Worte, die lange Zeit nur den „tauben Kopfkissen"[129] anvertraut waren.[130]

In ihrem Wahnsinn bekommt Lady Macbeth von der Außenwelt nichts mehr mit. Ihr Gerede erscheint zwar wirr, in Wahrheit hat der Wahn aber alle Falschheit und Verstellung von ihr genommen:

> She speaks involuntarily to the whole listening of the audience, making uneasy eavesdroppers of us all as she voices such things as are normally not voiced at all [...].The communicative functions of speech are violated more completely in this scene than anywhere else, and the fabric of interpersonal discourse presented in extrem and pitiable disarray.[131]

Damit zeigt Lady Macbeth typische Zeichen des Wahnsinns: Isolation und den Abbruch der Kommunikation mit der Außenwelt beziehungsweise eine Kommunikationsunfähigkeit überhaupt. Sie befindet

---

127 Long: Macbeth, S.55.

128 Foucault: Wahnsinn und Gesellschaft, S.60.

129 Shakespeare: Macbeth, 5.Aufzug, 1. Szene.

130 Foucault: Wahnsinn und Gesellschaft, S.60.

131 Long: Macbeth, S.27f.

sich in einem Wachtraum, einem selbstzerstörerischen Delirium, in dem sie keine Kontrolle mehr über sich selbst hat.

Ihre Strafe ist die völlige Demaskierung, ihr ständiges Händereiben ist Zeichen ihrer Schuld. Auch der Arzt erkennt ihren Wahnsinn als Folge des Verbrechens:

> Von Greueln flüstert man; – und Taten unnatürlich
> Erzeugen unnatürliche Zerrüttung:
> Die kranke Seele will ins taube Kissen
> Entladen ihr Geheimnis. Sie bedarf
> Des Beicht'gers mehr noch als des Arztes. – Gott,
> Vergib uns allen! Seht nach ihr; entfernt,
> Womit sie sich verletzen könnt, und habt
> Ein Auge stets auf sie.[132]

Deutlich ist der Zusammenhang mit Moral, Verbrechen und Strafe. Doch Lady Macbeths Wahnsinn steht auch in kausaler Beziehung zu ihrem Geschlecht. Ihr unweibliches Benehmen ist Verstoß gegen die Natur und kann schon als Wahnsinn gedeutet werden. Und erst durch diesen Verstoß gegen die stereotypen Geschlechterrollen wird das Verbrechen begangen, wofür sie mit Wahnsinn bestraft wird. Wie Lady Macbeth stirbt, enthält Shakespeare uns vor, mit großer Wahrscheinlichkeit begeht sie aber Selbstmord.

Im Laufe der Jahrhunderte erschienen zahllose Interpretationen von Shakespeares Stücken und seinen Figuren. Oft bringen sie weniger neue Erkenntnisse über das Werk, als Aufschluss über den Verfasser. Sigmund Freud zum Beispiel interpretiert Lady Macbeths Wahnsinn als Folge ihrer Kinderlosigkeit:

> I believe Lady Macbeth's illness, the transformation of her callousness into penitence, could be explained directly as a reaction to her childlessness, by which she is convinced of her impotence against the decrees of nature, and at the same time reminded that it is through her own fault if her crime has been robbed of the better part of its fruits.[133]

Freuds Interpretation erscheint stark spekulativ, der Text, vor allem die Szene in der die wahnsinnige Lady Macbeth selbst auftritt, deutet viel mehr auf eine Kausalität von Verbrechen und Wahnsinn hin.

Coleridge, um ein weiteres Beispiel spekulativer Interpretationen zu nennen, sieht in ihr eine Tagträumerin:

---

132 Shakespeare: Macbeth, 5. Aufzug, 1. Szene.

133 Freud: Some Character-types: S.143.

> Lady Macbeth, like all in Shakespeare, is a class individualized: – of high rank, left much alone, and feeding herself with daydreams of ambition, she mistakes the courage of fantasy for the power of bearing the consequences of the realities of guilt.[134]

In Coleridges Darstellung ist Lady Macbeth eine gelangweilte, vernachlässigte upper-class Hausfrau, die Phantasie und Realität nicht auseinander halten kann.

Es könnten noch unzählige andere Interpretationen des Stücks im Allgemeinen und der Lady Macbeth im Speziellen genannt werden, auch ist sicher noch nicht alles zu dieser Figur gesagt worden. Wichtig ist in diesem Kontext, den Typus der Lady Macbeth darzustellen, der nach Shakespeare eine Eigendynamik bekommt und sich auf verschiedenste Weise in anderen Figuren wiederfindet.

Wichtig ist anzumerken, dass die Lady Macbeth – im Gegensatz zu vielen anderen Vertreterinnen der *femme fatale* – ein individueller Charakter ist, auch wenn man sie natürlich in eine Tradition mit biblischen Gestalten wie Eva oder den Furien aus der griechischen Mythologie in Verbindung setzten kann. Selbst eine Interpretation der Lady als vierte Hexe ist plausibel, heißen diese im englischen Original doch viel treffender *Weird Sisters* und pervertieren genauso wie Lady Macbeth das klassische Geschlechtsstereotyp.

3.2. Ophelia

Noch mehr als Lady Macbeth ist Ophelia mittlerweile zur Symbolfigur geworden. Zahlreiche andere Texte haben sich ihrer angenommen und viele Künstler haben ihre Interpretation von Shakespeares Ophelia in ihren Bildern und Statuen zum Ausdruck gebracht. Sie ist mittlerweile mehr als nur eine Figur, sie ist zum Motiv geworden:

> in Ophelia erschafft sich die bürgerliche Literatur und Malerei einen Mythos, in welchen komplexe, ja widersprüchliche Strebungen einfließen. Der Bilderbogen ist dabei weit gespannt. Er reicht von der dramatischen Figur in Shakespeares *Hamlet* bis zur liebeskrank umherirrenden *Crazy Jane* oder Crazy Cate in der englischen Volksballade, von den singenden Zauberinnen in der Odyssee bis zur Loreley der Romantik, von der Inszenierung des weiblichen (Wasser-)Todes als dem „fraglos dichterischsten Gegenstand auf Erden" bis zur abstoßenden Präsentation des zerfressenen weiblichen Wasserkadavers[...].[135]

---

134 Coleridge: Marginalia on Macbeth, S.89.

135 Stuby: Liebe, Tod und Wasserfrau, S. 167.

Ophelia ist schon in Shakespeares *Hamlet* mehr Symbol als Figur. Sie tritt weder als Protagonistin noch als Antagonistin in Erscheinung. Vielmehr wird sie von den anderen Figuren instrumentalisiert und lässt diese Instrumentalisierung freiwillig über sich ergehen – bis zum Wahnsinn, erst da kann sie ihre Individualität zum Ausdruck bringen.

Ophelia ist das Gegenteil von Lady Macbeth und verkörpert damit ein Idealbild stereotyper Weiblichkeit. Sie ist jung, schön, tugendhaft und duldsam. Eigeninitiative ist ihr fremd. Sie ist keine Julia oder Desdemona, die einen eigenen Willen haben und diesen auch durchsetzen[136], mit allen Konsequenzen, die damit verbunden sind. Ophelia ist die absolute Passivität. Sie agiert in keiner einzigen Szene, sondern reagiert nur auf die Handlungen anderer. Sie spricht nicht, sondern antwortet nur, erst in ihrem Wahnsinn wird sie dann selbst zur Akteurin.

Wie meist bei Shakespeare können Figuren nicht isoliert betrachtet werden. Durch ihre Passivität trifft dies ganz besonders auf Ophelia zu. Ihr Wahnsinn steht im Gegensatz zu Hamlets Wahnsinn. Wollte man die beiden kategorisieren, so wäre Hamlet wohl der an Weltschmerz leidende Melancholiker, Ophelia hingegen eine suizidale Liebeskranke.[137] Hamlets, und damit der männliche Wahnsinn, ist allumfassend. Es ist eine Schopenhauersche Weltauffassung, die ihm zu schaffen macht. Der weibliche Wahnsinn erscheint dagegen beschränkt,[138] er entsteht aus einem Moment heraus und steht nicht im Zusammenhang mit irgendeiner höheren Erkenntnis. Es sind der Tod des Vaters und die grausame Zurückweisung durch den Geliebten, die sie in den Wahnsinn treiben. „In Elizabethan tragedy, madness arms men such as Hieronimo and Hamlet bit disables womem like Isabella and Ophelia."[139] Hamlet instrumentalisiert den Wahnsinn, indem er den Wahnsinnigen spielt, um seine Rache ausführen zu können. Sein tatsächlicher Wahnsinn, seine Melancholie, hindert ihn nicht daran. Ophelia dagegen endet im Selbstmord.

Ophelias Wahn und ihr Suizid korrelieren mit der prinzipiellen Funktion der Figur, die als Symbol der Weiblichkeit deutlich nach ästhetischen Gesichtspunkten gestaltet ist. Intellekt wird von einer Frau nicht erwartet, Vernunft wird Ophelia von ihrem Vater, ihrem Bruder und auch Hamlet gänzlich abgesprochen. Umso erstaunlicher ist es, dass

---

136 Vgl.: Bolt: Shakespeare Hamlet, S.61.

137 Vgl.: Showalter, The female malady, S. 10f.

138 Vgl.: Stuby: Liebe, Tod und Wasserfrau, S.169f.

139 Salkeld: Madness and drama in the age of Shakespeare, S.120.

nun der Verlust derselbigen betrauert wird. So kommentiert der König ihren Wahnsinn:

> [...] Ihr Vater umgebracht;
> Fort Euer Sohn, er selbst der wüste Stifter
> Gerechten eigner Banns; das Volk verschlämmt,
> Schädlich und trüb im Wähnen und Vermuten
> Vom Tod des redlichen Polonius;
> Und töricht war's von uns, so unterm Husch
> Ihn zu bestatten; dann dies arme Kind
> Getrennt von sich und ihrem edlen Urteil,
> Ohn' welches wir nur Bilder sind, nur Tiere.[140]

Was der König über die wahnsinnige Ophelia sagt, trifft vielleicht vorher auf sie zu, jetzt aber eigentlich nicht mehr. Vor ihrem Wahnsinn dient sie den anderen Figuren nur als Bild,[141] als Reflexionsfläche. Das edle Urteil ist in Wahrheit das eigene, männliche Urteil, das Ophelia kritiklos hinnimmt. Spricht man ihr nun die Urteilsfähigkeit ab, so geht es eigentlich um den Willen, das eigene Urteil kommentarlos anzuerkennen.

Ophelia ist ein Paradebeispiel für die Ästhetisierung weiblichen Wahnsinns. Unschuld, Sexualität und Tod – die suizidale Jungfrau repräsentiert sie alle. Der Verlust ihrer Vernunft führt nicht zum Verlust ihrer Weiblichkeit, sondern eher zu deren Verstärkung. In ihrem Wahnsinn wird sie zum ersten Mal wirklich aktiv:

> [...] madness brings Ophelia briefly but spectacularly to life as a lover and folk-tale heroine. She has started to sing. Insane, Ophelia breaks from the subjection of a vehemently patriarchal society and makes public display, in her verses, of the body she has been taught to suppress. Her speech, once brief and submissive, is now dangerously lyrical, figural and promiscuous. No longer closeted and sewing, passively obedient to the men who owned and subjected her, she roams the palace grounds.[142]

Ist Ophelias Wahnsinn also als Befreiung zu deuten? Ist es ihre Form von Widerstand? Wahrscheinlich ja, zumindest ist es eine Weigerung, sich weiter funktionalisieren zu lassen. In diesem Kontext kann Ophelia auch als Kontrastfigur zu Hamlets Mutter gesehen werden. Während die Königin sich der patriarchalen, grausamen Welt des Königshofes angepasst hat und das Spiel der sie umgebenden Männer mitspielt, scheinen die Ermordung des Vaters und die Entwürdigung durch

---

140 Shakespeare: Hamlet, 4. Aufzug, 5. Szene.

141 Vgl.: Stuby: Liebe, Tod und Wasserfrau, S.170.

142 Salkeld: Madness and drama in the age of Shakespeare, S.94f.

Hamlet es für Ophelia unmöglich zu machen, weiterhin alles schweigsam hinzunehmen. Wie Lady Macbeths ist auch Ophelias Wahnsinn ein Wahn der Wahrheit, wodurch sie zur Gefahr wird. Die *femme fragile* mischt sich plötzlich mit der *femme fatale*: Zwar ist sie an der Oberfläche weiterhin unschuldig und duldsam, Worte und Gestik bekommen jedoch einen zweideutigen, sowohl erotischen als auch anklagenden Charakter. Aus diesem Blickwinkel sind Shakespearekritiken, die Ophelias Text „als dummes Gerede, als Ausdruck eines privaten weiblichen Wahns"[143] bezeichnen, nicht gerechtfertigt, es ist eher das Gegenteil der Fall: In ihrem Wahnsinn wird Ophelia zur Protagonistin. Sie lässt sich nicht mehr instrumentalisieren und kann endlich ihre Individualität zeigen.

Die Ästhetisierung des Wahnsinns wird vor allem durch Laertes Kommentar deutlich:

> Schwermut und Trauer, Leid, die Hölle selbst,
> Macht sie zur Anmut und zur Artigkeit.[144]

Auch ihr Selbstmord, den wir nur aus der subjektiven Erzählung der Königin (re)konstruieren können, ist eine Mischung aus Unschuld und Sexualität. Die an sich harmlose Handlung des Blumen Pflückens und Kränze Windens wird durch die bekannte Blumenmetaphorik sexuell aufgeladen. Die Flora kann als Sinnbild der Weiblichkeit, das Pflücken der Blumen als Defloration gedeutet werden.[145] Auch das Wasser als Ort und Mittel ihres Suizids ist nicht zufällig gewählt. „Even her death by drowning has associations with the feminine and the irrational, since water ist the organic symbol of woman's fluidity: blood, milk, tears."[146] Nicht nur deshalb ist Ertränken eine klassisch weibliche Form des Selbstmordes. Der Gang ins Wasser ist gewaltfrei und zu einem gewissen Grad passiv. Zwar muss der Entschluss gefasst werden, doch dann begibt sich die Frau in die Macht des Wassers, ab einem bestimmten Zeitpunkt gibt es kein zurück. Sie muss keinen Abzug drücken oder einen Knoten knüpfen, es passiert mehr mit ihr, das Wasser legt Hand an sie, nicht sie selbst. Die wahnsinnige Ophelia ist eine zerrissene Figur und erst dadurch wird sie interessant.

Es darf freilich nicht vergessen werden, dass *Hamlet* ein Drama ist und somit für die Bühne konzipiert wurde. Die Ästhetisierung, die wir im Text vorfinden, kann schauspielerisch verstärkt oder auch abge-

---

143 Stuby: Liebe, Tod und Wasserfrau, S.169.

144 Shakespeare: Macbeth, 4. Aufzug, 5. Szene.

145 Vgl.: Ebd.: S.172.

146 Showalter: The female malady, S.11.

schwächt werden. Mittlerweile hat sich auch das Medium Film Shakespeares Stücks angenommen. Der Film kann Szenen, die auf der Bühne nur erzählt werden, sichtbar machen, wie zum Beispiel Ophelias Selbstmord. Ihr Gang ins Wasser scheint prädestiniert für eine Ästhetisierung im Poe'schen Sinne. Eine solche beschränkt sich nicht nur auf *Hamlet*-Verfilmungen, sondern hat mittlerweile schon motivischen Charakter angenommen. Ein modernes Beispiel wäre Virginia Woolfs Selbstmord in Stephen Frears *The Hours*.

Auch zu Ophelia und dem Wahnsinn in *Hamlet* überhaupt wäre noch viel mehr zu sagen, der Typus, den Ophelia verkörpert, sollte aber ausreichend skizziert sein.

IV. Werkanalyse

Zur Werkanalyse wurden Texte ausgewählt, die besondere Aspekte des weiblichen Wahnsinns behandeln. Der Fokus liegt auf gesellschaftlich und sozial bedingtem Wahnsinn, rein physiologisch bedingter Wahnsinn wurde nicht berücksichtig und scheint in der Literatur überhaupt eine geringere Rolle zu spielen. Henrik Ibsens *Nora oder Ein Puppenheim* ist eine Kritik an patriarchalischen Geschlechterrollen und ebenso wie Schnitzlers *Fräulein Else* eine emphatische Gesellschaftskritik. Christine Lavants *Aufzeichnungen aus einem Irrenhaus* widmen sich dem Umgang der Psychiatrie mit dem Wahnsinn. Helmut Kraussers *Schmerznovelle* schließlich macht die implizit geforderte Spaltung der Frau explizit und bleibt dabei oft (nicht immer ganz unabsichtlich) Stereotypen verhaftet. Die Reihung der Texte erfolgt chronologisch, was allerdings nichts über Modernität und Aktualität aussagt. Es soll versucht werden, jeden Text auf den weiblichen Wahnsinn hin zu untersuchen, dabei aber auch die Gesamtkomposition zu berücksichtigen, was nicht immer im gleichen Ausmaß möglich ist.

1. Rebellion gegen Geschlechterrollen: Henrik Ibsens *Nora oder Ein Puppenheim*

1.1. Noras Wahnsinn

Henrik Ibsen ist zwar kein deutschsprachiger Autor, seine Bedeutung für die deutspràchige Literatur ist aber unbestritten. So lebte er lange Zeit in Deutschland und war wesentlich an der Entwicklung des deutschen naturalistischen Theaters beteiligt:[147]

> Eine Frau kann nicht sie selbst sein in der Gesellschaft der Gegenwart, einer ausschließlich männlichen Gesellschaft, mit von Männern geschriebenen Gesetzen und Anklägern und Richtern, die über das weibliche Verhalten vom männlichen Standpunkt aus urteilen.[148]

Ibens selbst schrieb über sein Stück:

> Sie hat eine Fälschung begangen, und das ist ihr Stolz; denn sie hat es aus Liebe zu ihrem Mann getan, um ihm das Leben zu retten. Aber dieser Mann steht mit seinem ganz alltäglichen Ehrgefühl auf dem Boden des Gesetzes und sieht die Sache mit männlichen Augen.

---

147 Zmegac: Kleine Geschichte der deutschen Literatur, S.221.

148 Ibsen: Aufzeichnungen zur Gegenwartstragödie, in: Aldo Keel, Erläuterungen und Dokumente, S.30.

Seelenkampf. Unterdrückt und erwirrt vom Autoritätsglauben, verliert sie den Glauben an ihr moralisches Recht und ihre Fähigkeit, ihre Kinder zu erziehen. Bitterkeit. Eine Mutter in der Gesellschaft der Gegenwart geht, wie gewisse Insekten, hin und stirbt, wenn sie ihre Pflicht zur Fortpflanzung der Familie getan hat. Liebe zum Leben, zum Heim, zu Mann und Kindern und Familie. Ab und zu weibliches Abschütteln der Gedanken. Plötzlich wiederkehrende Angst und Entsetzen. Alles muss allein getragen werden.[149]

Ibsen beschreibt die Situation der Titelfigur Nora. Ihr Ehemann Helmer wurde gerade zum Bankdirektor befördert, die Kinder werden von einem Kindermädchen versorgt, für die anfallende Hausarbeit gibt es Dienstboten. Noras Aufgabe ist es, sich um ihren Gatten zu kümmern, ihm ein gemütliches Heim zu gestalten und in der Öffentlichkeit gut auszusehen. Ihr erster Auftritt lässt sie wie eine stereotype Ehefrau des gehoben Bürgertums zu Ende des 19. Jahrhunderts erscheinen. Sie erscheint unselbstständig, ein bisschen verschwenderisch und völlig auf ihren Mann fokussiert. Wie Nora nach Außen wirkt, wird von ihrer Gegenfigur, Frau Linde, gesagt:

FRAU LINDE: Wie schön von dir, Nora, daß du dich meiner Sache annimmst – doppelt so schön von dir, weil du selbst die Last und Mühsal des Lebens so gar nicht kennst.

NORA: Ich –? Ich kenne nicht –?

FRAU LINDE *lächelnd*: Du lieber Gott, das bisschen Handarbeit und dergleichen –. Du bist ein Kind, Nora.

NORA *wirft den Kopf zurück und geht durchs Zimmer*: Das solltest du nicht mit solcher Überlegenheit sagen.

FRAU LINDE: So?

NORA: Du bist wie die andern. Alle glaubt ihr, daß ich zu etwas wirklich Ernstem nicht tauge –

FRAU LINDE: Nun, nun – –

NORA: daß ich nichts geleistet habe in diesem Leben. [150]

Nora ist keine gleichberechtigte Ehepartnerin. Die Bezeichnungen Helmers für Nora sind auch bezeichnend für deren Beziehung: So nennt er sie sein „Norachen, Leckermäulchen, Vögelchen, Eichhörnchen, Singvögelchen" und so weiter. Helmer, der die bürgerliche Gesellschaft repräsentiert, zwingt Nora zu einem schizophrenen Spagat: Nora sollte auf der einen Seite eine attraktive, erotische Geliebte sein, auf der ande-

149 Ebd.

150 Ibsen: Nora, S.20.

ren Seite abhängiges, von ihm angeleitetes Kind. Und sie wird zu einem weiteren Spagat gezwungen: Da ihr Mann krank ist, es aber an Geld für die heilende Reise fehlt, und es für den stolzen Helmer unakzeptabel wäre, seine Frau das Geld besorgen zu lassen, muss sie dies heimlich tun und vorgeben, es von ihrem Vater bekommen zu haben:

> Torvald mit seinem männlichen Selbstgefühl – wie peinlich und demütigend wäre ihm das Bewußtsein, daß er mir etwas verdankt. Das würde unser gegenseitiges Verhältnis vollständig verändern. Unser schönes glückliches Heim wäre nicht mehr, was es jetzt ist.[151]

Sie fälscht die Unterschrift ihres kurz zuvor verstorbenen Vaters, leiht sich damit Geld und arbeitet ihre Schulden dann heimlich ab. Als alles aufzufliegen droht, ist Nora kurz davor, völlig den Verstand zu verlieren. Um von ihrem Mann geliebt und gesellschaftlich akzeptiert zu werden, muss sie eine Rolle spielen, dabei zeigt sie deutliche Anzeichen der Hysterikerin. Sie überzeichnet ihre Weiblichkeit, nachdem der Zuseher erfährt, was Nora heimlich für ihren Mann getan hat, erscheint ihr Verhalten Helmer gegenüber, ihr Schwanken zwischen kindlicher Naivität und verführerischer Überredungskunst, wie eine Parodie. Sie spielt für ihn „die übermütig-kapriziöse Kindfrau [...]. Verborgen bleiben Helmer die ernsten Charakterzüge seiner Frau."[152] Sie bleiben ihm nicht nur verborgen, seine Frau verbirgt sie bewusst vor ihm.

Nora schwankt zwischen Hoffnung und Wahnsinn. Der Höhepunkt ihres Flirts mit dem Wahnsinn zeigt sich in ihrer Tarantella, die völlig außer Kontrolle gerät. Die Tarantella, ein traditioneller süditalienischer Tanz, zeichnet sich durch ihren schnellen, sich steigernden Takt aus, genauso wie sich die Situation und der Geisteszustand der Hauptfigur zuspitzt. Die Tarantella ist nicht zufällig gewählt, sie galt als Heilmittel gegen die Folgen eines Tarantelbisses, zu denen unter anderem Ermattung, Unbehagen, Melancholie und Tobsucht gehören.[153]

„Setz dich ans Klavier und spiele, lieber Torvald, verbessere mich; dirigier mich, wie du's immer tust", sagt Nora, und meint damit nicht den Tanz, sondern ihr Leben. Sie sehnt sich ins Puppenheim zurück, der Tanz ist aber schon eine Vorausdeutung darauf, dass sie sich nicht länger von ihm bestimmen lassen wird:

> HELMER: Langsamer, – langsamer.
>
> NORA: Ich kann nicht anders.

---

151 Ebd., S.23.

152 Keel: Risse im Puppenheim, S.75.

153 Vgl.: Keel: Erläuterungen und Dokumente, S.23.

> HELMER: Nicht so wild, Nora.
>
> NORA: So gerade ist's recht.
>
> [...]
>
> *Nora tanzt mit wachsender Erregtheit. Helmer hat sich an den Ofen gestellt und richtet während des Tanzes fortwährend verbessernde Bemerkungen an sie. Sie scheint es nicht zu hören, ihr Haar löst sich und fällt auf die Schultern herab; sie kehrt sich nicht daran, sondern fährt fort zu tanzen. Frau Linde tritt ein.*
>
> FRAU LINDE *steht wie versteinert an der Tür*: Ah-!
>
> NORA *während des Tanzens*: Hier geht's lustig her, Christine.
>
> HELMER: Aber liebste Nora, du tanzt ja, als ginge es dir ans Leben.
>
> NORA: Das tut es auch.
>
> HELMER: Rank, hör auf; das ist ja der reine Wahnsinn. Hör auf, sag ich dir![154]

Noras hysterischer Tanz ist ein Parallelismus zu ihrer ehelichen Rolle. Dabei kommt es zu einer Verschränkung von Öffentlichem und Privatem, symbolisiert schon im Bühnenbild, in dem das Wohnzimmer neben Helmers Arbeitszimmer vorgesehen ist. Die Gesellschaft ist im Stück ständig anwesend, repräsentiert durch Helmer. Seine Maßstäbe sind die Maßstäbe der patriarchalen Gesellschaft. Er hat die Macht und die Deutungshoheit über das Geschehen, er ist die höchste moralische Instanz des Stückes, auch wenn dem Zuseher schnell klar wird, dass ihm der Durchblick völlig fehlt.

Wie Hebbels Klara in *Maria Magdalena* sieht auch Nora im Selbstmord den einzigen Ausweg. Sie beginnt laut die Stunden bis dahin zu zählen, kann sich immer weniger verstellen und redet wirr:

> NORA *mit irren Blicken, tastet umher, faßt Helmers Domino, wirft ihn sich um und flüstert schnell, heißer und abgerissen:* Ihn niemals wieder sehen. Niemals! Niemals! Niemals! *Wirft sich den Schal über den Kopf.* Und auch die Kinder nicht. Auch die nicht. Niemals, niemals! – O! Das eiskalte, schwarze Wasser. O die bodenlose Tiefe! Dies –. Wenn es nur erst vorüber wäre![155]

Wichtig bei Ibsen sind nicht nur die Dialoge beziehungsweise Monologe, sondern auch Regieanweisungen und das Bühnenbild. Um Noras Zerrüttung deutlich zu machen, setzt er neben der Sprache vor allem auf Mimik, Gestik und Bühnenrequisiten. John Northam verweist vor

---

154 Ibsen: Nora, S.67.

155 Ebd., S.83.

allem auf den Weihnachtsbaum, der ihren Geistes- und Seelenzustand symbolisiert, und ihre „ruckartigen, sich wiederholenden, unzusammenhängenden Äußerungen"[156] illustriert. Noras Schmücken des Baumes deutet auf ihre Sehnsucht nach Geborgenheit in der Familie und auch im scheinbaren Schutz traditioneller Geschlechterrollen. Parallel zu ihrer zunehmen prekärer werdenden geistigen Situation soll der Weihnachtsbaum laut Regieanweisung das Bühnenbild „geplündert, zerzaust und mit herabgebrannten Lichtern"[157] vervollständigen.

Ibsen greift das Wasser als Symbol des weiblichen Selbstmordes auf. Das Wasser symbolisiert Leben und Tod zugleich, außerdem Sinnlichkeit, Emotionalität und, so man will, auch Unvernunft. Nora verliert den Blick für die Realität, für sie existieren nur mehr zwei Extreme: das Eintreten des „Wunderbare[n]"[158], dass ihr Mann sich schützend vor sie stellt und die Schuld auf sich nimmt, oder sich selbst umzubringen. Beides trifft schlussendlich nicht ein. Noras Angst treibt sie beinahe in den Wahnsinn. Erstaunlicherweise wird sie gerade durch das Eintreten des *Worst Case*, das Ausbleiben des „Wunderbaren", davor bewahrt. Als Helmer die Wahrheit erfährt und glaubt, in der Hand des Erpressers Krogstad zu sein, macht er Nora die schlimmsten Vorwürfe und verstößt sie de facto. Nur nach außen hin soll der Schein gewahrt werden. Minuten später kommt der erlösende Brief Krogstads, der auf seine Forderungen verzichtet. Hat Helmer Nora vorher im Stich gelassen, so will er nun, da die Gefahr vorbei ist, plötzlich wieder die Rolle des Beschützers einnehmen:

> Nein, nein, stütze dich nur auf mich, ich will dir Berater, will dir Führer sein. Ich müsste kein Mann sein, wenn nicht gerade diese weibliche Hilflosigkeit dich doppelt anziehend in meinen Augen machte.[159]

Plötzlich ist sie wieder sein „kleines, verschüchtertes Singvögelchen"[160]. Doch Nora hat Helmers Reaktion die Augen geöffnet. Plötzlich ist keine Spur der Hysterikerin mehr zu erkennen, die Gefahr des Wahnsinns, dem sie zu verfallen drohte, scheint gebannt. Schon im Moment, in dem ihre schlimmsten Befürchtungen sich erfüllen, ist sie ganz ruhig und distanziert. Torvalds so hohe moralische Ansprüche entpuppen sich als Scheinmoral. Mit Entschärfung der Situation ist Nora plötzlich wieder

---

156 Northam: Ibsens' dramatic method, S.16, zitiert nach: Keel: Erläuterungen und Dokumente, S.66.

157 Ibsen: Nora, S.44.

158 Ebd., S.93.

159 Ebd., S.87.

160 Ebd., S.87.

dazu geeignet, seine Kinder zu erziehen, vergessen die „bodenlose Abscheulichkeit" und dass er seine Frau gerade noch als „Heuchlerin, Lügnerin" und „Verbrecherin"[161] bezeichnet hat.

Noras Charakterstärke zeigt sich in ihrer Weigerung, Torvalds Scheinmoral anzuerkennen, obwohl es leicht für sie wäre, zum Alltag überzugehen. Die folgende Analyse ihrer Lage ist berühmt und macht das Stück zu einem literarischen Plädoyer für die Emanzipation der Frau. Helmer hört fassungslos, dass seine Frau ihn und die gemeinsamen Kinder verlassen wird. Ihre ihr von der Gesellschaft zugeschriebene Rolle der Gattin und Mutter, vorher der Tochter, haben es ihr unmöglich gemacht, eine eigene Identität auszubilden. Noras Ansichten und ihr Geschmack orientierten sich jeweils an dem Mann, über den die Gesellschaft und auch sie selbst sich definierte. Die Definition über den Ehemann ist nicht nur de facto, sondern tatsächlich de jure: Zur Zeit der Erscheinung des Stückes, das Ibsen als Gegenwartstragödie bezeichnet, galten verheiratete Frauen vor dem Gesetz als unmündig. [162]

Plötzlich findet Nora harte Worte für ihren Mann und ihren Vater, sie wirft ihnen vor, sich an ihr „versündigt" zu haben. Eine „Puppenfrau" ist sie gewesen, für ihren Vater ein „Puppenkind". Ihre Forderungen waren für das Publikum des 1897 uraufgeführten Stückes ein Skandal,[163] das Verlassen der Kinder kann auch heute noch als Provokation gelesen werden. Sie verweist darauf, dass sie nicht nur Pflichten der Familie, sondern auch sich selbst gegenüber hat. Die Reaktion des realen Publikums sagt Nora schon für die Gesellschaft im Stück voraus:

> NORA: Ich habe andere Pflichten, die ebenso heilig sind.
>
> HELMER: Das hast du nicht. Was für Pflichten könnten das wohl sein?
>
> NORA: Die Pflichten gegen mich selbst.
>
> HELMER: Vor allem bist du Gattin und Mutter.
>
> NORA: Das glaub ich nicht mehr. Ich glaube, daß ich vor allen Dingen Mensch bin, so gut wie du, - oder vielmehr, ich will versuchen es zu werden. Ich weiß recht gut, daß die Welt dir recht geben wird, Torvald, und daß etwas Ähnliches in den Büchern steht Aber was die Welt sagt und was in den Büchern steht, das kann nicht maßgebend für mich sein. Ich muß selbst nachdenken, um in den Dingen Klarheit zu erlangen.[164]

---

161 Ebd., S.84.

162 Vgl.: Keel: Risse im Puppenheim, S.74.

163 Ebd., S.69.

164 Ibsen: Nora, S.91.

Der Konflikt zwischen Individuum und Gesellschaft, den Nora hier so treffend skizziert, ist auch bestimmend für den Wahnsinn. Der Einzelne, der den Wertvorstellungen und Normen des Kollektivs nicht entsprechen kann oder will, wird zum Außenseiter gemacht. In *Nora* werden unterschiedliche Konzepte und Nuancen des Wahnsinns deutlich. Dass seine Frau, getrieben von der Angst, seinen (doppelbödigen) moralischen Ansprüchen nicht gerecht werden zu können, Gefahr läuft, tatsächlich den Verstand zu verlieren, merkt er nicht, da sie nach außen hin immer noch die Rolle der Puppenfrau zu spielen vermag. Ihre Nervosität, ihre Selbstgespräche und die Verzweiflung, die sie fast in den Selbstmord treibt, gehen an ihm vorbei. Seine Definition von Wahnsinn korreliert mit der des Wahnsinns als gesellschaftliches Konstrukt. Nun, da Nora sich ihrer Geschlechterrolle verwehrt, bezeichnet er sie als wahnsinnig:

> HELMER *springt auf*: Was sagst du da?
>
> NORA: Ich muss ganz allein stehen, wenn ich über mich selbst und die Umwelt Klarheit gewinnen soll. Deshalb kann ich nicht mehr bei dir bleiben.
>
> HELMER: Nora! Nora!
>
> NORA: Ich verlasse dich sofort, Christine wird mich für diese Nacht aufnehmen.
>
> HELMER: Du bist von Sinnen! Das darfst du nicht! Ich verbiet es dir!
>
> NORA: Es hat von jetzt an keinen Zweck mehr, mit etwas zu verbieten. Ich nehme mit, was mir gehört. Von dir will ich nichts haben, - nicht heut noch später.
>
> HELMER: Welcher Wahnsinn![165]

Zwei Konzepte von Wahnsinn prallen hier aufeinander. Zum einen Noras tatsächlicher wahnhafter, oder zumindest daran grenzender, Zustand, ausgelöst durch die rigiden Moral- und Rollenvorstellungen, denen sie nicht zu entsprechen vermag. Zum anderen der ihr von Torvald unterstellte Wahnsinn, den er an ihrem Verstoß gegen gesellschaftliche Vorstellungen festmacht, obwohl sie ruhig und vernünftig argumentiert:

> HELMER: Du bist krank, Nora; du hast Fieber; du bist wohl gar von Sinnen.
>
> NORA: Ich habe noch nie so klar und bestimmt empfunden, wie diese Nacht.[166]

---

165 Ebd., S.91.

Für Nora besteht die Gefahr des Wahnsinns im Verlust ihrer selbst, ein Verlust der Selbstkontrolle und Individualität. Den ihr von Helmer unterstellten Wahnsinn setzt dieser mit Unvernunft gleich, obwohl sie ihr Handeln völlig vernünftig argumentiert. Die Unvernunft wird demnach als Nicht-Teilhabe an der eigenen Vorstellung von Vernunft definiert.

Deutlich spürbar in Helmers Reaktion ist die traditionelle Verbindung von Wahnsinn und Amoralität. Nora stellt sich gegen sämtliche moralisierenden und normierenden Instanzen: ihren Mann, die patriarchale Gesellschaft und die Kirche. „Justiz und Kirche decken Helmers Position. Helmer beruft sich auf die Religion, das moralische Empfinden und das Gewissen, um sie zurückzuhalten."[167]

Nora ist von Beginn des Stückes an nicht das dumme Püppchen, als das sie sich bewusst ausgibt. Sie hat die Regeln des Systems durchschaut und war auch Nutznießerin davon, hat sie es doch genossen, einen beschützenden Ehemann und ein wohliges Heim zu haben. „Nora ist ein Stück über enttäuschte Gattenliebe"[168], schreibt Keel, doch es ist weit mehr. Es ist die Unmöglichkeit der Hauptfigur, ihre Individualität auszuleben und gleichzeitig ihrer Geschlechterrolle zu genügen. Als Nora erkennen muss, dass ihr Mann eben kein Beschützer ist, wenn es darauf ankommt, findet ein Erkenntnisprozess statt, der allerdings etwas abrupt wirkt. Das Verheimlichen ihrer Rettungsaktion zeigt, wie sehr sich Nora über gesellschaftliche Prozesse und Verurteilungsmechanismen im Klaren ist. Torvalds Ansicht, dass Nora die Gesellschaft, in der sie lebt, nicht versteht, ist unzutreffend. Vielmehr versteht sie nicht, weshalb die Gesellschaft so ist und nimmt eine Gegenposition ein: „Ich verstehe sie nicht – allerdings. Aber jetzt will ich sie mir näher ansehen. Ich muß herauskriegen, wer recht hat, die Gesellschaft oder ich."[169]

Sobald Nora selbstständig und ihren Überzeugungen entsprechend handelt, kommt sie in Konflikt mit der kollektiven Ordnung. Um ihrer geistigen Gesundheit willen und um ihre Individualität ausleben zu können, muss sie aus ihrem Puppenheim ausbrechen. Die Kontradiktion zwischen ihren Moralvorstellungen und denen der Gesellschaft ist für sie nicht länger ignorierbar. Auf ihr moralisches Gefühl angesprochen, sagt sie:

166 Ebd., S.92.

167 Ebd., S.83.

168 Keel: Risse im Puppenheim, S.82.

169 Ibsen: Nora, S.92.

> Ja, Torvald, es ist nicht leicht, dir darauf zu antworten, Torvald. Ich weiß es absolut nicht. Ich bin gänzlich irre daran geworden. Ich weiß nur, daß ich von dergleichen eine durchaus andere Anschauung habe als du. Daß die Gesetze anders sind, als ich gedacht hatte, hör ich jetzt ja auch; daß sie aber richtig sind, – das will mir durchaus nicht in den Kopf.[170]

Das Beharren auf ihrer Individualität bedeutet ihre Desintegration.[171] Sie entscheidet sich freiwillig für den schwierigen Weg, wodurch eine Annäherung an die positiv gezeichnete Figur der Jugendfreundin Christine stattfindet.

Ibsens Stück wurde zu einem Skandal, nicht nur in Norwegen, sondern auch im deutschsprachigen Raum. Die vom Autor skizzierten Verhältnisse konnten ohne weiteres auf andere Länder Europas umgelegt werden. Die Rezensenten in Deutschland und Österreich gaben sich entsetzt, Nora wurde abwechselnd als wahnsinnig, verkommen und verbrecherisch bezeichnet.[172] Die Kritik übernahm durchwegs die Position und Argumentation Helmers. Ibsen war sogar genötigt, einen versöhnlichen Schluss zu schreiben, in dem Nora bei ihrer Familie bleibt, da deutsche Theater sonst selbst Hand an sein Stück gelegt hätten.

Die Erzählperspektive ist dem Drama entsprechend neutral. Beide Wahnsinnskonzepte müssen vom Leser beziehungsweise Publikum selbst erschlossen und bewertet werden.

1.2. Zusammenfassung

Entscheidend in Henrik Ibsens *Nora oder Ein Puppenheim* ist das Aufeinandertreffen zweier Konzepte des Wahnsinns, die in der neutralen Erzählperspektive des Dramas zur Darstellung kommen: Einerseits Noras Selbsteinschätzung, die sich mit zunehmendem Verlust der Selbstkontrolle und ihrer Identität konfrontiert sieht. Der Konflikt zwischen den Moralvorstellungen der Gesellschaft und ihren eigenen macht sie „gänzlich irre"[173] und bringt sie an den Rand des Selbstmords. Nora definiert Wahnsinn als Selbstverlust, dem sie nur entgehen kann, indem sie sich dem System entzieht. Ihr Ehemann Helmer hingegen sieht den Wahnsinn als Verstoß gegen moralische Vorstellungen, die für ihn unreflektiert mit den Normen der Gesellschaft überein-

---

170 Ebd., S.92.

171 Vgl: Keel: Risse im Puppenheim, S.84.

172 Vgl.: Erläuterungen und Dokumente, S.40 – 60.

173 Ibsen: Nora, S.92.

stimmen. Noras Weigerung, diese Normen weiterhin unreflektiert hinzunehmen und nach ihnen zu leben, macht sie für ihn zur Wahnsinnigen.

2. Rezeption der Psychoanalyse? Arthur Schnitzlers *Fräulein Else*

Arthur Schnitzler kam am 15. Mai 1862 in Wien in einer jüdischen Medizinerfamilie zur Welt. Er folgte der Familientradition und wurde ebenfalls Arzt. Auch als er sich für einen Professionswechsel zugunsten der Literatur entschieden hatte, blieb er medizinisch auf dem neuesten Stand. Schon in der Studienzeit entwickelte er ein anhaltendes Interesse für geistige Erkrankungen, das sein gesamtes Werk prägen sollte. Schnitzler gilt als einer der wichtigsten Vertreter der Literatur des Fin de Siècle, auch die nach dem 1. Weltkrieg erschienenen Werke sind noch in diesem historischen Kontext zu betrachten, dem Schnitzler stark verhaftet blieb.

2.1. Schnitzler und die Psychoanalyse

Arthur Schnitzler und Sigmund Freud studierten zusammen und pflegten jahrelang eine freundschaftliche, wenn auch distanzierte Beziehung. Sie standen in Briefkontakt, gelegentlich kam es auch zu persönlichen Treffen, das Werk des jeweils anderen wurde aufmerksam verfolgt und analysiert.[174] Freud geht gar soweit Schnitzler in einem berühmt gewordenen Brief als Doppelgänger zu bezeichnen. Bis heute hält sich hartnäckig die Vorstellung von Arthur Schnitzler als einem aktiven Rezipienten der Psychoanalyse, der die Theorien Freuds und seines Kreises in seinen Texten verarbeitete. Dies ist nicht der Fall, viel mehr stand Schnitzler einer psychoanalytischen Herangehensweise an seine Texte ablehnend gegenüber. Insbesondere die starke Autobiographisierung war ihm zuwider.[175] Schnitzler beschäftigte sich zwar mit der Psychoanalyse, war ihr jedoch in zahlreichen Punkten kritisch gesonnen. Das Unbewusste, das in Freuds Werk eine so bedeutende Position besetzt, ist für Schnitzler in den meisten Fälle Verdrängung oder Verleugnung:

> Das völlig Bewusste ist selten, aber auch das gänzlich Unbewusste – in dem Sinn nämlich, daß es wirklich des psychoanalytischen Zaubers bedürfe, um es bewusst zu machen, ist viel seltener als man jetzt glaubt. Der Kranke schmückt es mit der Gloriole des Unbewusstgewesenseins.[176]

---

174 Vgl.: Le Rider: Arthur Schnitzler, S.44 – 50.

175 Vgl.: Ebd., S.52.

176 Schnitzler: Beziehungen und Einsamkeiten, S.96f. Zitiert nach: Le Rider: Arthur Schnitzler, S.54.

Schnitzler lobt zwar die Aufmerksamkeit, welche eine psychoanalytische Herangehensweise an einen Text erfordert, kritisiert jedoch eine Überinterpretation von Details und zweifelt die Objektivität der Ergebnisse an. So weiten sich „die Deutungsgrenzen so sehr gegen das Willkürliche zu, daß jede Kontrolle unmöglich und jede Erklärung genau so gestattet sein kann, wie ihr Gegenteil."[177] Schnitzler bezweifelt die allgemeine Gültigkeit und Anwendbarkeit psychoanalytischer Theorien, nicht nur deshalb scheint es eine vergebliche Mühe zu sein, diese auf seine Texte anzuwenden. Zum einen weil Figuren vom Dichter konstruiert werden und, wie Musil schreibt, über keine Seele verfügen.[178] Psychoanalytiker wie Freud, Wilhelm Stekel und Theodor Reik, die sich auch als Literaturwissenschaftler versuchten, behandelten fiktive Charaktere jedoch wie stumme Patienten. Als Referenz dient nicht der Text, sondern die Psychoanalyse, womit es durch den Verweis auf das Unbewusste einfach ist, Interpretationen zu rechtfertigen, auch wenn der Text diese eigentlich nicht zulässt. Zum anderen entwirft Schnitzler meist begrenzte, konkrete Situationen, die zwar entscheidend vom herrschenden Zeitgeist und der Gesellschaft geprägt sind, nicht aber von der Vergangenheit der Protagonisten. Während das Milieu, in dem sich die Figuren bewegen, klar umrissen wird, bleibt deren persönlicher Werdegang meist im Dunklen. Dies im Auge behaltend, sollte *Fräulein Else* betrachtet werden.

2.2. Frauenfiguren bei Schnitzler

Eine junge Frau als Hauptfigur in den Mittelpunkt der Betrachtungen zu rücken, wird bei Schnitzler erst im Spätwerk möglich. Seine Frauenfiguren sind streitbar und Ansatzpunkt sehr unterschiedlicher Sichtweisen auf den Schriftsteller und sein Werk. Viele Texte Schnitzlers laden zweifellos zur Kritik am durch sie vermittelten Frauenbild ein. Die weiblichen Figuren erscheinen stereotyp, sie sind entweder Mitglieder des gehobenen Bürgertums und als solche abhängig von einem Mann oder eine der bei Schnitzler oftmals verklärt dargestellten Dirnen. Ruth Klüger weist in den *Wiener Vorlesungen* darauf hin, dass „Schnitzler in manchen seiner hervorragendsten Werke ohne erotische Komponente auskommt und dass in solchen Werken Frauen eine ganz untergeordnete oder überhaupt keine Rolle spielen. Das bedeutet, dass sie in der Welt der anderen, z. B. der öffentlichen Probleme nichts zu suchen

177 Ebd.

178 Vgl.: Le Rider: Arthur Schnitzler, S.52.

haben."[179] In der Tat haben Schnitzlers Frauenfiguren immer auch eine erotische Komponente, was „die Verkürzung der weiblichen Persönlichkeit"[180] zur Folge hat. Die konstatierte Verkürzung der Persönlichkeit und beschneidend wirkende Sexualisierung der Frau heißt aber nicht, dass Schnitzler nur schwache, stereotype Frauenfiguren geschaffen hat. Schnitzler erkannte durchaus, dass er in seinen Werken eine ausschließlich männliche Sicht eingenommen hatte und war bereit zur Selbstkritik. So notierte er in seinem Tagebuch: „Meine damalige Stellung zu Mann und Frau. Immer war ich auf seiner Seite."[181] Um dies zu verändern, rückte er nicht nur vermehrt Frauenfiguren in den Focus seiner Werke, so geschehen zum Beispiel in *Frau Berta Garlan* und *Therese*, er versucht auch einen Perspektivenwechsel vorzunehmen, und wagt sich sogar an die intimste Form der Figurendarstellung, den Inneren Monolog. Dass Schnitzler es für wert befindet, sich in den Kopf einer Frau zu versetzen, sollte ein Zeichen dafür sein, dass er die Frau nicht als eindimensional und dumm abtut. Wenn auch oftmals Stereotypie zu konstatieren ist, Misogynie findet sich bei Schnitzler nicht im Ansatz. Es sind die weiblichen Figuren, welche als Sympathieträger fungieren, als Beispiel seien die beiden titelgebenden Figuren seiner Inneren Monolog-Novellen genannt: Leutnant Gustl und Fräulein Else. Während Gustl als Protagonist selbst Objekt der Kritik ist und aktiv an den kritisierten Gesellschaftsstrukturen mitwirkt, wodurch er die Sympathie des Lesers nicht so recht gewinnen kann, ist Else mehr Opfer als Täterin und weckt, ganz egal ob diese Stilisierung zum Opfer positiv oder negativ zu werten ist, Emphatie.[182]

Die berühmt gewordenen „Süßen Mädel", die verklärte Dirne oder die fragile Bürgerstochter, sind zweifellos stereotyp und ausschließlich im Bereich der Sinnlichkeit und nicht der Vernunft angesiedelt. Es gibt in Schnitzlers Werk aber ebenso stark individualisierte Charaktere, wie Therese und Fräulein Else.

2.3. Fräulein Else

Else, eine junge Frau, Tochter des gehobenen Wiener Bürgertums, verbringt Ende des 19. Jahrhunderts auf Einladung ihrer Tante einen Aufenthalt in einem Nobelhotel in den Südtiroler Dolomiten. Die Idylle

---

179 Klüger: Schnitzlers Damen, Weiber, Mädeln, Frauen, S.55.

180 Ebd., S.56.

181 Schnitzler: Tagebuch 5, S.191. Zitiert nach: Becker: Dr. Gräsler, Badearzt, S.160.

182 Vgl.: Neuhaus: Sexualität im Diskurs der Literatur, S.94.

wird unterbrochen von einem Brief der Mutter, indem sie Else bittet, einen ebenfalls anwesenden Freund des Vaters um Geld zu bitten. Der Vater, ein angesehener Rechtsanwalt, ist spielsüchtig und hat sich zum wiederholten Male verspekuliert, nur durch Elses Hilfe könne der Ruin abgewendet werden. Dorsday willigt ein, dem Vater das erforderliche Geld zukommen zu lassen, unter der Bedingung, Else nackt sehen zu dürfen. Die 19-Jährige ist hin und her gerissen. Am Höhepunkt der Novelle erleidet sie einen hysterischen Anfall und lässt nicht nur vor Dorsday, sondern vor den versammelten Gästen des Hotels die Hüllen fallen. Zurück auf ihr Zimmer gebracht, versucht sie, Selbstmord zu begehen, durch eine Überdosis Veronal. Auch wenn die meisten Interpretationen automatisch davon ausgehen, dass Elses Selbstmordversuch gelingt, gibt der Text darüber keine Auskunft.

2.3.1. Das Milieu

Obwohl 1924 erschienen, ist die Novelle *Fräulein Else* noch vom Geist des Fin de Siècle und der zerfallenden K. und K. Monarchie beeinflusst. Die Handlung umfasst nur wenige Stunden, Figurenpersonal und Handlungsort sind stark eingeschränkt. Es ist ein Mikrokosmos, den Schnitzler uns präsentiert, ein Spiegelbild der bürgerlichen Gesellschaft um die Jahrhundertwende. Typisch für den Autor die Szenerie: ein Hotel in den Alpen, Treffpunkt der Noblen und Reichen auf Sommerfrische, Ort des Müßiggangs und der oberflächlichen Konversation.

Schnitzler, ein großer Ästhet, legte großen Wert auf die Ausgestaltung des Textes, genauso großen Wert maß er aber auch der inhaltlichen Ebene bei. Dabei versuchte er die Individualität der Charaktere zu bewahren, ohne dadurch gesellschaftskritische Relevanz einzubüßen. Elses Umgebung entpuppt sich schnell als oberflächlich und scheinheilig. Der Innere Monolog, wie gleich noch näher ausgeführt werden sollte, ermöglicht den Blick hinter die Fassade der Höflichkeit und aufgesetzten Moral. Der Kontrast zwischen Gesagtem und Gedachten wird zwar nur an Else exemplarisch vorgeführt, lässt aber auch auf die Scheinheiligkeit ihrer Gesprächspartner schließen. Es ist eine korrupte Gesellschaft, Rey glaubt gar die Kritik an der Käuflichkeit einer Gesellschaft erkennen zu können.[183] Die Frau ist im skizzierten Milieu nur Dekoration und Ware, Elses Wahnsinn erscheint als Reaktion darauf.

Die spät-viktorianische Prüderie ist eine oberflächliche, erlaubt ist, was nicht an die Öffentlichkeit dringt, so wird die Affäre von Elses Vetter

---

183 Vgl.: Rey: Arthur Schnitzler, S.65. Zitiert nach Kronberger: Die unerhörten Töchter, S.173.

Paul mit der verheirateten Cissy stillschweigend geduldet, da die geschlossene Gesellschaft der Hotelgäste, aufgrund der Diskretion der beiden, nicht dazu gezwungen wird, sie zur Kenntnis zu nehmen und zu thematisieren.

Die Käuflichkeit der Gesellschaft zeigt sich besonders im Verhalten der Eltern, welche Else Dorsday praktisch zum Tausch anbieten. Auch hier zählt wieder nur der Schein, Else erkennt schnell hinter der Bitte der Mutter das Kalkül des Vaters:

> Sie haben sich verrechnet, Herr von Dorsday. Und der Papa auch. Ja, verrechnet hat er sich. Er muß es ja vorher gesehen haben. Er kennt ja die Menschen. Er kennt doch den Herrn von Dorsday. Er hat sich doch denken können, daß der Herr von Dorsday nicht für nicht und wieder nichts. – Sonst hätte er doch telegraphieren oder selbst herreisen können. Aber so war es bequemer und sicherer, nicht wahr Papa? Wenn man eine so hübsche Tochter hat, wozu braucht man ins Zuchthaus spazieren?[184]

2.3.2. Erzählperspektive

Wie schon in *Leutnant Gustl* wählt Schnitzler mit der Erzählperspektive des Inneren Monologs die Perspektive, die größtmöglichen Einblick in eine Figur ermöglicht. Ohne vermittelnde Instanz und ungefiltert teilt der Leser die Gedanken und Gefühle der Hauptfigur. Die Technik des *stream of consciousness* vermittelt die Sprunghaftigkeit der Gedanken, ein assoziatives System, in welches Schnitzler kunstvoll Dialoge mit den anderen Figuren verwebt. Durch diese Art der Montage liest sich die Erzählung beinahe wie ein Drama.[185] Auch wenn Schnitzler eine psychoanalytische Interpretation seiner Texte ablehnte, gibt es doch Parallelen zu ziehen: Der Innere Monolog erinnert an den ebenfalls assoziativen Charakter der Psychoanalyse und auch Elses Tagträume werden als Parallele angeführt.[186]

Der Innere Monolog führt zu einer eingeschränkten Perspektive auf die Außenwelt, er rückt den Fokus auf die Psyche der Protagonistin und „wird so zum idealen Medium für die literarische Gestaltung eines Seelendramas“[187]. Diese „Subjektivierung des Erzählens“[188] zwingt den

---

184 Schnitzler: Fräulein Else, S.39.

185 So wurde Fräulein Else auch häufig als Theaterstück und 1929 sogar fürs Kino adaptiert. Vgl.: Le Rider: Arthur Schnitzler, S.75.

186 Vgl.: Le Rider: Arthur Schnitzler, S.70-73.

187 Neymeyer: Fräulein Else, S.191.

188 Aurnhammer: Lieutenant Gustl, S. 72.

Leser den Blickwinkel der Hauptfigur einzunehmen. So gelingt es, die Genese von Elses Wahnsinn Schritt für Schritt mitzuvollziehen.

Wie schon in Schnitzlers erster Monologerzählung *Leutnant Gustl* dreht sich der Innere Monolog auch hier um ein konkretes Ereignis, das aber Rückschlüsse auf Struktur und Mechanismen der Gesellschaft ziehen lässt. Die Dialoge und Elses kommentierende Gedanken enthüllen Oberflächlichkeit und Scheinmoral, die nur scheinbar heile Fassade des Mikrokosmos deutet auf den Zustand des Makrokosmos hin.

Interessant, auch im Hinblick auf Schnitzlers frühere Werke, ist es, die Außensicht einzunehmen. Berücksichtigte man nur, was Else tatsächlich sagt und tut, ohne Einblick in ihre Psyche, so erschiene sie naiv und als reines Opfer einer Gesellschaft, welche sie nicht versteht. Erst ihre Gedanken offenbaren die tatsächliche Komplexität der Figur, trotz des Opferstatus, dem sie sich schlussendlich nicht entziehen kann.

Während die meisten anderen seiner Werke, wie Schnitzler selbst später kritisierte, nur die männliche Perspektive wählen, besonders deutlich in *Leutnant Gustl*, und die weibliche Sicht damit gänzlich ausblenden, ist es in *Fräulein Else* trotz der Form des Inneren Monologs einer weiblichen Protagonistin nicht möglich die männliche Perspektive vollständig auszublenden. Durch die Sozialisation in einer phallozentrischen Gesellschaft und den Ausschluss aus jeglichem relevanten Diskurs, übernimmt Else zum Teil einen männlich erscheinenden Blick auf sich selbst. Der Narzissmus, der bei ihr immer wieder konstatiert wird, ist eine Reflexion des patriarchalen Blickes, mit dem sie sich immer wieder konfrontiert sieht. Auch die Maßstäbe, die sie an sich selbst und an andere anlegt, aber auch kritisiert und ironisiert, sind männlich dominiert. So kann sie „niemals narzißtisch ‚ganz' sein, weil sie immer auch den männlichen Blick einbegreift, der sie zu etwas anderem macht als sie selbst"[189].

2.3.3. Spezifisch weibliche Ursachen des Wahnsinns

Schnitzlers Else und Ibsens Nora haben einige Ähnlichkeiten aufzuweisen: Beide geben sich nach außen naiv, beide müssen auf eine ökonomische Notsituation reagieren und sind dabei zur Missachtung des herrschenden Moralkodex der Gesellschaft gezwungen, was beide an ihre psychischen Grenzen bringt. Während Nora die Reißleine zieht, indem sie sich dem sie krankmachenden System entzieht, fällt ihm Else wahrscheinlich zum Opfer. Elses Wahnsinn entzündet sich in einer spezifi-

---

189 Bronfen: Nur über ihre Leiche, S.404.

schen Situation und an einer spezifischen Gesellschaftsstruktur. Noras Wahnsinn reagiert zwar auch auf eine konkrete Situation, ihre Emanzipation hingegen offenbart sich in universeller Gültigkeit, mit Komponenten, die auch heute noch Aktualität haben.

Schnitzler, der von sich selbst sagte, er könne nie aufhören Arzt zu sein und seine Werke als lauter Diagnosen bezeichnete,[190] skizziert die Genese einer Hysterikern, deren Symptome sich immer mehr ausprägen und schließlich ihre Klimax im hysterischen Anfall finden. Die Symptome sind deutlich: Nervosität, Stimmungsschwankungen, Überbetonung der Weiblichkeit und ein Hang zur Theatralik. Elses Verhalten und ihr Charakter werden sowohl durch das konkrete Ereignis von Dorsdays Erpressung, als auch durch ihre Positionierung in der Gesellschaft motiviert. Elses Wahnsinn ist kein privater, so wie Else ein Kind ihrer Zeit ist, ist es auch ihr Wahnsinn und kann auch nur in diesem spezifischen Kontext entstehen und gelesen werden.[191] Die Hysterikerin Else weist zwar typische Symptome auf, ihre hysterischen Verhaltensmuster bestimmen jedoch nur *einen* Teil ihres Charakters und schränken ihre Individualität nicht ein. Auch wenn Freud in Schnitzler einen literarischen Doppelgänger zu erkennen meint, schafft Schnitzler Individuen, während Freud „allgemein gültige Charaktertypen“[192] beschreibt. Elses Hysterie wird gesellschaftlich geformt und steht nicht in Zusammenhang mit einer allgemein gültigen weiblichen Natur.

Gängige Interpretationen heben vor allem Elses Narzissmus und Exhibitionismus hervor.[193] Zweifellos weist Else Neigungen zu beidem auf. Es würde aber zu kurz greifen ihren hysterischen Anfall auf diese Neigungen zurückzuführen. *Fräulein Else* übt Kritik an einer gesellschaftlichen Scheinmoral, die sogar soweit geht, die eigene Tochter zu prostituieren. Le Rider schreibt:

> Das narzißtische und exhibitionistische Mädchen träumt davon, sich nackt zu zeigen: Zu Beginn ihrer Phantasie sieht sie sich in einer schönen Villa am Meer; eine Marmortreppe führt bis zum Ufer, und sie liegt nackt auf dem Marmor. Als sie – unter ihrem Mantel unbekleidet – am Ende des Textes in die große Hotelhalle hinabgeht, wo Dorsday sich aufhält, und den Mantel von den Schultern gleiten läßt, erfüllt sie ihren exhibitionistischen Wunsch, setzt sie sich doch nach der Art Isa-

190 Vgl.: Von Boetticher: Meine Werke sind lauter Diagnosen.

191 Vgl.: Kronberger: Die unerhörten Töchter, S.157.

192 Ebd.

193 Vgl.: u.a. Le Rider: Arthur Schnitzler, S.76, von Boetticher: Meine Werke sind lauter Diagnosen, S.152, S.229.

dora Duncans oder jener avantgardistischen Tänzerinnen in Szene, die, wie Salome vor Herodes, ihre Umdrehungen aufführten.[194]

Elses Ausziehen vor den versammelten Hotelgästen als Erfüllung ihres geheimen exhibitionistischen Wunsches zu interpretieren, würde die Kritik an der Doppelmoral und moralischen Korrumpierung ad absurdum führen. Hat Else auch exhibitionistische Neigungen, so kann und will sie diese nicht ausleben, indem sie dazu gezwungen wird:

> Und wie war das heuer in Gmunden in der Früh um sechs auf dem Balkon, mein vornehmes Fräulein Else? Haben Sie die jungen Leute im Kahn vielleicht gar nicht bemerkt, die sie angestarrt haben? Mein Gesicht haben sie vom See aus freilich nicht genau ausnehmen können, aber daß ich im Hemd war, das haben sie schon bemerkt. Und ich hab mich gefreut, Ich war wie berauscht. Mit beiden Händen hab ich mich über die Hüften gestrichen und ich hab vor mir selber getan, als wüsste ich nicht, daß man mich sieht.[195]

Liest man ihren Exhibitionismus als Ausdruck ihres Wunsches nach Befreiung von gesellschaftlichen Zwängen, so wird dies durch die Forderung Dorsdays doppelt pervertiert.[196] Elses Exhibitionismus ist Teil ihres Strebens nach Autonomie, in diesem Fall sexueller Autonomie. Das Instrument der Kritik und Selbstbestimmung wird ihr geraubt und plötzlich zum Gegenstand derselben. Dorsdays Erpressung und das Verhalten der Eltern verletzen Elses Autonomie aufs gröbste. Der voyeuristische Blick des Mannes ist ein wiederkehrendes Motiv bei Schnitzler, es findet sich neben *Fräulein Else* unter anderem in *Leutnant Gustl* und der *Traumnovelle.* Das Objekt – meist eine Frau – penetrierend, gilt der Blick als typisch männlich, das Betrachtet-, also Penetriert-Werden als typisch weiblich.[197] Dabei handelt es sich nur oberflächlich betrachtet um eine aktive und eine passive Handlung. Versucht das potentielle Objekt des männlichen[198] Voyeurismus selbst in eine aktive Rolle zu schlüpfen, entsteht die Exhibitionistin. Während der Mann, in unserem Fall Dorsday, seinem Voyeurismus ungesühnt frönen kann, wird die Frau gesellschaftlich geächtet. Der Voyeur kann geschützt im Schatten bleiben, die Exhibitionistin aber trägt das Stigma des Wahnsinns. Wie Leutnant Gustl, der ebenfalls voyeuristische Züge trägt, bleibt Dorsday

---

194 Le Rider: Arthur Schnitzler, S.77.

195 Schnitzler: Fräulein Else, S.38.

196 Vgl.: Pankau: Nachwort, S.101.

197 Neuhaus: Sexualität im Diskurs der Literatur, S.98.

198 Hierzu ist anzumerken, dass „männlich" nicht unbedingt durch einen Mann heißen muss. Gemeint sind männlich codierte Eigenschaften, Vgl.: Judith Butler: *Das Unbehagen der Geschlechter*.

unbestraft, Else jedoch bezahlt ihren in diesem Fall unfreiwilligen Exhibitionismus höchstwahrscheinlich mit dem Leben. Und abermals sind es Geschlechterrollen, die der Protagonistin zum Verhängnis werden: Zwei Rollenbilder die gefordert werden, die Heilige und die Hure, die sich aber nicht vereinen lassen und so für die Hysterikerin den Tod schon in sich tragen.[199]

Wie in Ibsens *Nora* steht auch hier das Individuum in Konflikt mit sich selbst und der Gesellschaft. Else erkennt und kritisiert die Mechanismen und fadenscheinigen Werte ihrer Umgebung, gleichzeitig ist sie davon geprägt. Wie stark sie Teil ihres Milieus ist, dessen Konventionen sie verinnerlicht hat, zeigt, dass sich ihre Art der Kritik an ebendiesen Werten und Mechanismen orientiert. Während sie patriarchale Weiblichkeitsmuster in Frage stellt, sind ihre Wunschvorstellungen Ausdruck internalisierter stereotyper Geschlechterrollen. Was Johannes Pankau über Elses Vater schreibt, trifft auch auf sie selbst zu: Es kommt zu einer „prekäre[n] Verbindung von Konventionalität und Ausbruchsdrang", die sich „nicht eigentlich kreativ, sondern in den vorgegebenen Formen"[200] äußert. In ihren Tagträumen wird sie zur *femme fatale*, welche die Macht hat, Männer ins Unglück zu stürzen:

> Allein möchte ich am Meer liegen auf den Marmorstufen und warten. Und endlich köme einer oder mehrere, und ich hätte die Wahl und die andern, die ich verschmähe, die stürzen sich aus Verzweiflung alle ins Meer. Oder sie müßten Geduld haben bis zum nächsten Tag.[201]

Elses angeblich so starkem Narzissmus widerspricht ihre beständige Selbstkritik und ironische Reflexivität. Nicht nur die Gesellschaft, auch sich selbst bespiegelt Else durchaus scharfsichtig. Wie Nora erkennt Else ihre Verstrickung ins System, die sie zu einem schwachen Charakter ausformt, und führt dies auf die elterliche Erziehung und gesellschaftliche Sozialisation zurück. Damit kritisiert sie zwar treffend die Erziehung junger Frauen, weist aber auch Selbstschuld zurück:

> Und es geschähe ihnen ganz recht, ihnen allen, sie haben mich ja doch nur daraufhin erzogen, daß ich mich verkaufe, so oder so. Vom Theaterspielen haben sie nichts wissen wollen. Da haben sie mich ausgelacht. Und es wäre ihnen ganz recht gewesen im vorigen Jahr, wenn ich den Direktor Wilomitzer geheiratet hätte, der bald fünfzig ist. [...] Ihr wart es, könnt ich sagen, Ihr habt mich dazu gemacht, Ihr alle seid schuld, daß ich so geworden bin, nicht nur Papa und Mama. Auch der

199 Vgl.: Bronfen: Nur über ihre Leiche, S.415.

200 Pankau: Nachwort, S.104f.

201 Schnitzler: Fräulein Else, S.46.

> Rudi ist schuld und der Fred und alle, alle, weil sich ja niemand kümmert.[202]

Elses narzisstisch übersteigerte Selbstliebe zieht sich wie ein roter Faden durch den Text und findet ihren Höhepunkt im Gespräch mit ihrem Spiegelbild. Der Spiegel dient ihr nicht als Mittel der Selbsterkenntnis, sondern der Verklärung.[203] Bezeichnend ist, dass sich der Narzissmus der 19-Jährigen ausschließlich auf ihr Äußeres bezieht:

> Ah, wie hübsch ist es, so nackt im Zimmer auf und ab zu spazieren. Bin ich wirklich so schön wie im Spiegel? Ach, kommen Sie doch näher, schönes Fräulein. Ich will Ihre blutroten Lippen küssen. Ich will Ihre Brüste an meine Brüste pressen. Wie schade, daß das Glas zwischen uns ist, das kalte Glas. Wie gut würden wir uns miteinander vertragen. Nicht wahr?[204]

Die Hysterikerin ist in sich gespalten, sie ist Betrachterin und Betrachtete zugleich.[205] Durch diese Aneignung des männlich geprägten, sexuell aufgeladenen, also voyeuristischen Blickes und der gleichzeitigen Beibehaltung der weiblichen Position des Betrachtet-Werdens, wird Else zum aktiven Subjekt, ohne ihren Objekt-Charakter dabei abzulegen. Während der externe Betrachter nur die weiblichen Attribute Elses erkennen kann, offenbaren sich in ihren Gedanken, insbesondere ihrem Gespräch mit dem eigenen Spiegelbild, auch maskuline Tendenzen.

Elses so stark betonter Narzissmus ist demnach nicht nur als Eigenliebe zu deuten, sondern auch als Projektion gesellschaftlicher Ansprüche und Maßstäbe. Else bewundert an sich selbst jene Attribute, welche für ihre Umgebung die einzig wichtigen zu sein scheinen. „Ein bisschen Zärtlichkeit, wenn man hübsch aussieht"[206], erhält Else und leidet unter der fehlenden Beachtung ihres Charakters: „Aber was in mir vorgeht und was in mir wühlt und Angst hat, habt ihr euch je darum gekümmert?"[207] Deutlich wird „das destruktive Potential der bürgerlichen Familie für die Subjektwerdung der Töchter"[208]. Der Spiegel reflektiert demnach nicht nur Elses verklärtes Selbstbild, sondern die Sicht der

---

202 Ebd., S.46f.

203 Vgl.: Von Boetticher: Meine Werke sind lauter Diagnosen, S.152.

204 Schnitzler: Fräulein Else, S.60.

205 Vgl.: Bronfen: Nur über ihre Leiche, S.405.

206 Ebd., S.47.

207 Ebd.

208 Prutti: Weibliche Subjektivität und das Versagen des sanften Patriarchen in Schnitzlers "Fräulein Else", S.159. Prutti stellt *Fräulein Else* in die Tradition des bürgerlichen Trauerspiels, insbesondere Lessings.

patriarchalen Gesellschaft auf die Frau. Auch das Hervorheben und Bewundern der eigenen Schönheit mündet in der Reflexion über die Adressaten, denn dass weibliche Schönheit eine gesellschaftliche Funktionalisierung[209] erfährt, zeigt sich in der Frage: „Für wen bin ich schön?"[210]

Wenn von spezifisch weiblichen Ursachen des Wahnsinns die Rede ist, handelt es sich um die sozialen Gegebenheiten, aber keinesfalls um biologische Besonderheiten der Frau, wie der Hysterikerin oft unterstellt wird. Die gesellschaftlich propagierte und konstruierte Geschlechterrolle unterminiert Elses Individualität. Alle Identifikationsangebote, die ihr zur Verfügung stehen, sind männlich geprägt. Das heißt nicht zugleich, dass diese Angebote nur von Männern gemacht werden – auch Elses Mutter trägt die familiären patriachalen Strukturen wesentlich mit, wodurch sie auch auf Ablehnung bei der Tochter stößt. Kokette Jungfrau, Geliebte, Ehefrau oder Dirne sind die Muster, zwischen denen Elses Wünsche und Phantasien pendeln, nicht nur die Weiblichkeitsmodelle, gegen welche sie protestiert, sondern auch jene, die ihr als Ausbruchsmöglichkeit vorschweben, sind männlich dominiert. Eine Abkehr von patriarchalen Konzepten, wie Nora sie mit ihrem Weg in die Selbstversorgung vollzieht, erscheinen in *Fräulein Else* nur ganz am Rand, wenn Else sich fragt: „Ach Gott, warum habe ich kein Geld? Warum hab ich mir noch nichts verdient? Warum habe ich nichts gelernt?"[211]

2.3.4. Elses hysterischer Anfall

Elses Hysterie ist ein Produkt ihrer geschlechterspezifischen Sozialisation. Sie ist zwar eine Reaktion auf die konkrete Situation, in die Else ohne eigenes Zutun gebracht wird, die bestimmenden Faktoren ihres Wahnsinns sind aber in den größeren Kontext des Milieus eingebettet. Während sich Schnitzler in *Leutnant Gustl* einer spezifisch männlichen Situation, nämlich dem männlichen und militärischen Ehrenkodex und dem Duell, widmet, finden wir in *Fräulein Else* den auf die Frau fokussierten Gegenversuch.

Mangels fehlender, weil gesellschaftlich verwehrter, Alternativen wählt Else das einzige ihr zur Verfügung stehende Instrument als Ausdruck ihres Widerstands: ihren Körper. Als Frau wird ihr Intellekt abgespro-

209 Vgl.: Neymeyr: Fräulein Else, S.195.

210 Schnitzler: Fräulein Else, S.21.

211 Ebd., S.16.

chen, ihre Wertvorstellungen sind ohne gesellschaftliche Relevanz. Um zu bekommen was sie möchte, ist sie durchaus bereit, ihr Aussehen einzusetzen:

> Was zieh ich an? Das Blaue oder das Schwarze? Heut wär vielleicht das Schwarze richtiger. Zu dekolletiert? Toilette de circonstance heißt es in den französischen Romanen. Jedenfalls muss ich berückend aussehen, wenn ich mit Dorsday rede. Nach dem Dinner, nonchalant. Seine Augen werden sich in meinen Ausschnitt bohren. Widerlicher Kerl.[212]

Elses ist sich bewusst, dass ihre Eltern sie als Tauschobjekt verwenden, ihr Körper wird zur Ware. Der Warenwert der Frau, im speziellen des weiblichen Körpers, ergibt sich nicht erst in dieser speziellen Situation. Ein Vergleich mit den Verhältnissen, in denen sich eine junge Frau Elses Schicht konfrontiert sieht, drängt sich auf. Der Protest der Hysterikerin entfaltet sich in konkreten Situationen der Benachteiligung. Abstrakter betrachtet ist das Konzept der Hysterikerin des fin de Siècle ein Protest gegen den Phallozentrismus, der die Frau nur über den gesellschaftlichen Rang ihrer männlichen Bezugspersonen definiert und ihren Körper zur Ware degradiert. Else ist sich dessen bewusst und gibt sich auch nicht der Illusion einer Liebesheirat hin. Um die Forderung Dorsdays für sich selbst zu relativieren, versucht sie, einen Vergleich zu ihren gesellschaftlichen Möglichkeiten zu ziehen, entweder reich zu heiraten oder sich als Geliebte freiwillig zur Ware zu machen:

> Nein, Paul, auch für dreißigtausend kannst du von mir nichts haben. Niemand. Aber für eine Million? – Für ein Palais? Für eine Perlenschnur? Wenn ich einmal heirate, werde ich es wahrscheinlich billiger tun. Ist es denn gar so schlimm? Fanny hat sich am Ende auch verkauft. Sie hat mir selbst gesagt, daß sie sich vor ihrem Mann graust.[213]

Es ist nicht ihr verletztes Moralgefühl, das Else so empört, sondern die Reduktion zur Ware:

> Nein, ich verkaufe mich nicht. Niemals. Nie werde ich mich verkaufen. Ich schenke mich her. Ja, wenn ich einmal den Rechten finde, schenke ich mich her. Aber ich verkaufe mich nicht. Ein Luder will ich sein, aber nicht eine Dirne.[214]

Schritt für Schritt entgleitet Else der Bezug zur Realität. Sie schweift ab in Tagträume, durchläuft extreme Gefühlsschwankungen und bemerkt

---

212 Ebd., S.17.

213 Ebd., S.18.

214 Ebd., S.39.

selbst ihre Entfremdung: „Mir scheint ich bin verrückt"[215], „Ich bin schon ganz konfus ... der Portier wird mich für wahnsinnig halten, wie ich da auf der Lehne sitz und in die Luft starre"[216], „Wo bin Ich? Wo bin ich?"[217]. Else wird zunehmend orientierungslos und schwankt zwischen zwei Extremen: Dorsdays Forderung zu erfüllen, oder aber sich umzubringen. Alle ihre Gedanken kreisen um diese zwei Pole, unterbrochen nur von ihren Phantasien, in welchen sie selbst aktiv ist, also eine potenziell männliche Rolle einnimmt.

Die Hysterikerin des fin de Siècle wählt eine nonverbale Kommunikationsform und entscheidet sich für die Verwendung ihres Körpers als Ausdrucksmittel, aufgrund seiner gesellschaftlichen Relevanz. Was Else tatsächlich sagt, ihre verbale Kommunikation mit der Außenwelt, ist angepasst und ihrem Stand und Geschlecht angemessen, auch ihr Koketterie Männern gegenüber verstößt nicht gegen die herrschenden geschlechtsspezifischen Konventionen.

Elses hysterischer Anfall ist ambivalent: Zwar sieht Dorsday sie nackt, eine Erfüllung seiner Forderung ist das jedoch nicht. Er sieht sie zwar, man kann aber spekulieren, dass er daraus keine große Befriedigung ziehen kann. Else gibt einerseits also nach, andererseits negiert sie den Warencharakter ihres Körpers, indem sie ihn quasi gratis zur Schau stellt. Dorsday wird dadurch die Exklusivität des Erlebnisses genommen. Schon vorher überlegt sich Else, wie sie die Forderung des Antiquitätenhändlers erfüllen kann, ohne ihn seinen Erfolg genießen zu lassen. Fragwürdig ist, ob ihre Vorstellung ein adäquates Mittel des Protestes ist:

> Ist das Enthüllen ihres Körpers eine Offenbarung ihrer Sexualität oder lediglich ein Appell an die sexuellen Phantasien ihres Betrachters? Übt sie potentielle Macht über ihren Betrachter, weil er ihren Anblick begehrt, oder stabilisiert sie lediglich, wie Berger[218] meint, die Macht des Betrachters, sie zu besitzen? Nachdem nun aber in diesem Text zumindest die Enthüllung des Körpers wie die Wahl des ‚dritten Kästchens' funktioniert und den Tod hinter der Schönheit entschleiert – bezeichnet diese Geste dann Elses absolute Anerkennung ihrer Reduktion auf eine einzige Definition, nämlich ihre Sexualität, oder ist dies geradezu eine Verweigerung solch einer semantischen Fixierung, eine leere Ges-

215 Ebd., S.25.

216 Ebd.

217 Ebd., S.27.

218 Vgl.: Berger: Ways of Seeing, S.46ff.

> te, die auf die Nichtigkeit nicht nur narzisstischer, sondern auch geschlechtsspezifischer Prätentionen hinweist?[219]

Im Filou, den Else zu sehen glaubt, der aber aller Wahrscheinlichkeit nach gar nicht anwesend ist, phantasiert sie sich einen Mann, den sie tatsächlich begehren könnte und versucht dadurch ihre Opferrolle abzulegen. In ihrem hysterischen Anfall zeigt Else eine Aktivität, die ihr sonst als Frau verwehrt wird – zumindest in der Öffentlichkeit.

Für Silvia Kronberger ist Elses hysterischer Anfall und auch ihr Selbstmord „eine[] letzte[] Möglichkeit, auf sich, auf das (gesellschaftlich zugefügte) Leid aufmerksam zu machen.[220]

Le Rider schreibt:

> Zerbrechlich, verletzlich und passiv wie sie ist, gelingt es ihr mit ihrem Theaterspiel und ihrem Charme, einen gewissen Einfluß auf das sie bedrohende Umfeld zu gewinnen und sich der Erpressung Dorsdays […] und dem Ultimatum ihrer Eltern zu entziehen, indem sie das große Spiel einer hysterischen Krise und eines Selbstmordversuchs spielt.[221]

Le Riders Interpretation scheint befremdlich, wo doch gerade der Innere Monolog Elses kontinuierlichen Kontrollverlust deutlich macht. Auch wenn ihr Verhalten aus der Außenperspektive betrachtet aktiv erscheint, zeigen ihre Gedanken ihre Ohnmacht angesichts einer Situation, in der sie nur verlieren kann. Elses Hysterie ist keine aktiv getroffene Entscheidung sondern ein unkontrollierbarer Prozess, ihr Selbstmordversuch, ob nun gelungen oder nicht, ist keine Inszenierung, an deren Ende das kalkulierte Scheitern steht. Die „Neurotikerin“ wird auch nicht, wie Le Rider meint, „wieder die Oberhand über ihr Umfeld und ihr Schicksal“[222] gewinnen. Die Kritik des Wahnsinns ist selten von Erfolg gekrönt, hat sie doch den Makel der Nicht-Zurechnungsfähigkeit zu tragen und ist dadurch nur allzu leicht aus dem Diskurs auszuschließen. Insofern tut Else Dorsday und auch ihren Eltern einen Gefallen, ihr Protest kann ignoriert werden. Mit ihrem hysterischen Anfall verletzt Else die Trennlinie zwischen Öffentlichem und Privatem, dem was sonst nur im Geheimen geschieht und dort stillschweigend akzeptiert wird. Passend auch das Bild: Else bewegt sich schon die ganze Zeit unter den Hotelgästen, ohne dass jemand ihre Nacktheit unter dem Mantel bemerkt. Der Mantel verdeckt symbolisch die verdorbene Ge-

---

219 Bronfen: Nur über ihre Leiche, S.404.

220 Kronberger: Die unerhörten Töchter, S.182.

221 Le Rider: Arthur Schnitzler, S.76.

222 Ebd., S.75.

sellschaft, mit dem Fallen-Lassen wird jedoch nur Else allein angreifbar. Die Fassade wird löchrig, aber fallen wird sie deswegen noch lange nicht. Else hält der doppelbödigen Gesellschaft einen Spiegel vor – und wird dafür bestraft. Ihr Geschlecht und ihr Wahnsinn entbinden die Gesellschaft von vornherein von der Zur-Kenntnis-Nahme ihrer Kritik.

Die Hysterikerin, die sich durch Schauspiel und Überzeichnung, bis hin zur Parodie männlich konstruierter Weiblichkeit auszeichnet, tut hier all das – und gleichzeitig tut sie es nicht. Denn mit ihrem Auftritt legt sie alle Verstellung ab und spielt das von Dorsday und ihren eigenen Eltern inszenierte Schauspiel mit, nur eben nicht dort, wo diese es sich wünschen:

> Indem Else ihre gesellschaftliche Verdinglichung buchstäblich nimmt, indem sie die projizierten männlichen Phantasien, die sie indirekt mit ihrer äußeren Erscheinung bezeichnen soll, materialisiert, läßt Else ihre hysterische Verstellung zusammenbrechen, übernimmt sie die ihr kulturell vorgeschriebene Nicht-Existenz [...][223]

Für das oftmals vermutete ödipale Verhältnis zum Vater, oder zumindest inzestuöse Verlangen Elses nach ihrem Vater, liefert der Text keine glaubwürdigen Anhaltspunkte. Schnitzler fand Freuds Ödipus-Komplex wenig überzeugend, außerdem ist sich die neuere Forschung einig, dass seine Texte nicht als „Exemplifikationen orthodox freudianischer Theoreme zu lesen“[224] seien. Zwar spielt der Vater in Elses Gedanken eine beherrschende Rolle, der Text lässt aber eher einen Umkehrschluss zu: Ein inzestuöses Verlangen des Vaters nach seiner Tochter. Er sieht in seiner Tochter ein Sexualobjekt und nutzt sie für seine Zwecke, indem er sie seinem Freund gewissermaßen anbietet. Im Delirium phantasiert Else, mit dem Vater zusammen zu fliegen, was als Symbol für einen imaginierten Geschlechtsakt gedeutet werden könnte, würde diese Vorstellung nicht sofort entkräftet:

> Gib mir die Hand Papa. Wir fliegen zusammen. So schön ist die Welt, wenn man fliegen kann. Küß mir doch nicht die Hand. Ich bin ja dein Kind, Papa.[225]

„Ich bin ja dein Kind, Papa“, macht deutlich, dass Else einer sexuellen Aufladung des Vater-Tochter-Verhältnisses ablehnend gegenübersteht.

---

223 Bronfen: Nur über ihre Leiche, S.409.

224 Thomé: Sozialgeschichtliche Perspektiven in der neueren Schnitzler Forschung, S.163, zitiert nach: Pankau: Nachwort, S. 106.

225 Schnitzler: Fräulein Else, S.81.

Elses mentaler Zusammenbruch geht einher mit dem totalen Zusammenbruch der Kommunikation. Else kann sich nicht mehr bemerkbar machen, sie ist sprachlos und ihr Verhalten wird daher falsch interpretiert. Was nun explizit gemacht wird, ist jedoch nur die Klimax der allgemein herrschenden Kommunikationslosigkeit, oder besser Sprachlosigkeit, denn kommuniziert wird auf einer non-verbalen Ebene. Der Brief der Mutter, an der Oberfläche harmlos, wird für Else zum Dokument, welches sie zur Prostitution auffordert. Das Gespräch mit Dorsday ist ein Spiel mit Floskeln,[226] der Versuch so wenig wie möglich zu sagen und trotzdem so viel wie möglich zu erreichen, ohne das Gesicht zu verlieren. Auffallend ist, wie stark auch nur kleinste Übertretungen der sprachlichen Konvention registriert werden: „Spotten Sie nicht Else." Warum sagt er nicht ‚Fräulein Else'?"[227] Das sprachliche Spiel mit eingeübten Floskeln betreiben die Schnitzlerschen Figuren traditionell mit Perfektion. Die Gespräche erscheinen wie eine Kombination vorgefertigter Versatzstücke. Die Harmlosigkeit, in welche Dorsday seine Bedingung hüllt und die Mutter ihren Brief, täuscht aber nicht über den delikaten Inhalt hinweg. Naiv ist Else sicher nicht, sie versteht sich auf die oberflächliche Kommunikation und ist auch fähig diese zu decodieren. Mit der Zuspitzung ihres mentalen Zustandes verlässt Else die Pfade konventioneller Kommunikation. Nach ihrem hysterischen Anfall kann sie nicht mehr sprechen und sich auch sonst nicht mehr bemerkbar machen. Die Situation der jungen Frau, ihr zwangsverordnetes Schweigen zu relevanten Themen und der Ausschluss aus dem Diskurs, der nun vor allem sie selbst betrifft, wird total. Sie verliert endgültig jede Autonomie, die Bewegungs- und Sprachlosigkeit der bürgerlichen Frau um die Jahrhundertwende wird plastisch. Elses Wahnsinn ist eine Zuspitzung und Verdeutlichung ihres gegenwärtigen Schicksals, ausgelöst durch die Dichotomie, zu der ihre Lebenswelt sie zwingt, durch die Rollenmuster, in die sie sich nicht pressen lassen will.

In ihrem Wahnsinn sehnt sich Else in die Passivität zurück und versucht ihr Schicksal von Zufällen abhängig zu machen:

> Wenn der Kellner den schwarzen Kaffe dem alten Herrn dort serviert, so geht alles gut aus. Und wenn er ihn dem jungen Ehepaar in der Ecke bringt, so ist alles verloren. Wieso? Was heißt das? Zu dem alten Herrn bringt er den Kaffee. Triumph! Alles geht gut aus.[228]

---

226 Vgl.: Neymeyer: Fräulein Else, S.201.

227 Schnitzler: Fräulein Else, S.7.

228 Ebd., S.65.

Immer stärker und unkontrollierbarer wird auch der Wunsch der jungen Frau, die Gesellschaft, insbesondere ihre Familie und Dorsday, für das an ihr verübte Unrecht zu bestrafen. Spektakuläre Selbstmordphantasien und Träume laden zu einer psychoanalytischen Interpretation ein. Die einmontierten Partiturzeilen von Schuhmanns *Karneval* verstärken den Eindruck des Stückhaften. Das Todesmotiv, das sich durch den ganzen Text zieht, zuerst nur angedeutet, dann spielerisch und unwahrscheinlich, wird nun zur Gewissheit: „Wie ist das möglich? Ich verzehre mich - ich werde verrückt - ich bin tot -und er hört einer fremden Dame Klavierspielen zu."[229] Der Ausblick auf die Zukunft ist düster: „Alle haben sie mich gemordet und machen sich nichts wissen. Sie hat sich selber umgebracht, werden sie sagen. Ihr habt mich umgebracht, ihr alle, ihr alle!"[230] Wie in *Leutnant Gustl* kommt es zu keinem Erkenntnisprozess. Der Schein bleibt gewahrt, in beiden Fällen dringt der Skandal nicht an die Öffentlichkeit. Mit ihrem Körper verschwindet auch die Relevanz der Hysterikerin.

2.3.5. Zusammenfassung

Ibsens *Nora oder ein Puppenheim* und Schnitzlers *Fräulein Else* weisen einige Gemeinsamkeiten auf. Beide verwenden die Darstellung einer doppelbödigen, von Scheinmoral bestimmten Gesellschaft als Folie für eine Kritik am sozialen und kulturellen Rollenbild der Frau. Im Figurenvergleich erscheint Nora moderner und aktiver als Else: Während Nora die Reißleine zieht, entzieht sich Else der geforderten Rolle auf andere Weise und wird aller Wahrscheinlichkeit nach sterben. Elses Wahnsinn entsteht aus einer außergewöhnlichen Krisensituation, welche aber nur in diesem speziellen Milieu entstehen konnte, also als repräsentativ zu lesen ist. Ihr Wahnsinn erwächst aus der Unmöglichkeit, den Anforderungen der gesellschaftlichen Geschlechterrollen Folge zu leisten, insbesondere da von ihr eine Spaltung gefordert wird. Die Form des Inneren Monologs lässt den Leser unmittelbar an den Gedanken einer Frau, noch dazu einer Hysterikerin teilhaben und weckt anders als in *Leutnant Gustl* Empathie, trotz Elses Schwächen und ihres Narzissmus. Dieser und ihr Hang zum Exhibitionismus sind eine Projektion des gesellschaftlichen Rollenverständnisses, welches von Dorsday und ihren Eltern transportiert wird. Der Innere Monolog verdeutlicht die Sprachlosigkeit der Frau, die den Diskurs niemals verlassen, ihn aber auch nicht aktiv gestalten kann. Position und Reaktion Elses

229 Ebd., S.68.

230 Ebd., S.77.

sind typisch weiblich. Das Schwanken zwischen Verhaftet-Sein in der Gesellschaft und dem gleichzeitigen Ablehnen der scheinheiligen Moralvorstellungen und Rollenerwartungen endet im Wahnsinn, der einen unproduktiven Protest darstellt.

3. Die Frau in der Psychiatrie: Christine Lavants *Aufzeichnungen aus einem Irrenhaus*

Der Psychiatrieroman, als Bezeichnung für Romane, die hauptsächlich oder auch ausschließlich in einer psychiatrischen Einrichtung spielen, hat Tradition im 20. Jahrhundert. Ken Keseys *One flew over the Cuckoo's Nest,* Suanna Kaysens *Girl, interrupted,* Silvia Plaths *The Bell Jar* und Rainald Goetz' *Irre* sind bekannte Beispiele für Texte, in denen Autoren ihre eigenen Erfahrungen mit solchen Einrichtungen thematisieren. Im Vordergrund der Texte steht die Kritik an der Institution Psychiatrie. Der Patient wird zum Gefangenen, er ist völlig entwertet und entrechtet. Die Pfleger- und Ärztefiguren schwanken zwischen machthungrig, boshaft und völlig desillusioniert. Kritisiert werden auch brutale Behandlungsmethoden wie die Elektroschocktherapie oder das Ruhigstellen durch übermäßigen Einsatz von Psychopharmaka. In Texten, die Frauen als Protagonistinnen haben, finden sich meist zwei Ebenen: einerseits die Hierarchie zwischen Institution und Individuum, symbolisiert durch die Konstellation Arzt und Patientin, andererseits das soziale Machtgefälle zwischen männlichem Arzt, Repräsentant einer patriarchal geprägten Gesellschaft, und der weiblichen Patientin.

Christine Lavant wurde 1915 in Kärnten als Christine Thonhauser (den Namen Lavant sollte sie erst später als Bezug auf ihr heimatliches Tal annehmen) in ärmlichen Verhältnissen geboren. Den meisten ist sie als Lyrikerin bekannt, Lavant verfasste aber auch eine Reihe von Erzählungen. *Aufzeichnungen aus einem Irrenhaus* ist zu ihren Lebzeiten nicht veröffentlich worden, Lavant selbst hatte die geplante Veröffentlichung plötzlich abgebrochen, zum Schutz ihrer Familie, wie sie es selbst in einem Brief begründete.[231] Dies weist auf die stark autobiographische Lesart, aber auch auf die Brisanz des Textes hin. So wurde das Manuskript erst 2001 posthum veröffentlicht, über zwanzig Jahre nach ihrem Tod, 1959 wurde der Text allerdings von der BBC in Übersetzung als Funkerzählung ausgestrahlt.[232]

Entgegen verschiedenen Spekulationen ist *Aufzeichnungen aus einem Irrenhaus* ein fiktiver Prosatext. Das Beharren von Rezensenten, die Ich-Erzählerin und Autorin gleichzusetzen, ergibt sich aus einigen übereinstimmenden Daten, zudem ist die Ich-Erzählerin Schriftstellerin. Zwar war Lavant wie die Ich-Erzählerin nach einem Selbstmordversuch 1935 in der Landes-Irrenanstalt[233], der Text wurde aber erst 1946 geschrie-

---

231 Vgl.: Steinsiek, Schneider: Nachwort, S.134.

232 Vgl.: Glaser: Christine Lavant, S.249.

233 Ebd., S.130.

ben. Es kann sich also keinesfalls um ihre tatsächlichen Aufzeichnungen handeln, allenfalls um eine spätere literarische Verarbeitung, dies soll hier jedoch nicht weiter Thema sein.

3.1. Die Ich-Erzählerin

Die Aufzeichnungen der Ich-Erzählerin beginnen kurz und knapp. Die Erzählzeit umfasst die sechs Wochen ihres Aufenthaltes in einer Nervenheilanstalt. Sie beginnt kurz nach ihrer Aufnahme auf einer Station des Irrenhauses und endet mit ihrer Entlassung. So wie der Beginn des Textes liest sich auch der Rest: Die Ich-Erzählerin schreibt schnörkellos, ihre Sprache ist einfach, es ist kein ästhetisches Ideal, dem sie zu entsprechen versucht. Zeitgenössische Kritiker sprachen Christine Lavant „eine epische Begabung ab", vor allem eine „sorgfältigere Durcharbeitung der Sprache"[234] wurde gefordert. Für die *Aufzeichnungen aus einem Irrenhaus* ist diese unepische Sprache kein Nachteil, sondern verleiht den Aufzeichnungen der Ich-Erzählerin größere Authentizität. Die Erzählperspektive gibt dem Leser Innensicht in die Ich-Erzählerin, schon der Titel deutet aber auf eine mögliche Unzuverlässigkeit hin. Die Innensicht in die Hauptfigur erfolgt nicht als Innerer Monolog, was eine direkte Teilhabe an den Gedanken bedeuten würde, sondern selektiv über ihre schriftlich festgehaltenen Gedanken. Diese haben tagebuchhaften Charakter, was allerdings unmarkiert bleibt. Durch Gedankensprünge, unvollendete Sätze und einige wenige Zeitangaben wird klar, dass es sich um Eintragungen zu unterschiedlichen Zeitpunkten handelt. Stärker als im Inneren Monolog ist hier das Potenzial der Manipulation gegeben, zum einen, da die Ich-Erzählerin sich einmal sogar direkt an einen möglichen Leser wendet, zum anderen, da die Gedanken durch den Prozess der Verschriftlichung reflektiert und gefiltert werden. Die unorthodoxe Schreibweise, die sich kaum auf Leserführung und Verständlichkeit besinnt, deutet eher auf die Gattung des Tagebuchs und den (scheinbar) privaten Charakter der Aufzeichnungen hin als auf den Wahnsinn der Verfasserin. Gebrochen wird diese Illusion im Brechtschen Sinne durch die angedeutete Möglichkeit eines Lesers. Die Ich-Erzählerin liefert uns zwei Perspektiven: die Innensicht einer Frau, die von ihrem Umfeld als wahnsinnig bezeichnet wird, und gleichzeitig die Außensicht auf die anderen Wahnsinnigen.

Der Wahnsinn der Ich-Erzählerin besteht für die Ärzte, in denen immer auch gesellschaftliche Ideale repräsentiert werden, in ihrem Selbstmordversuch. Die Motivation für ihren geplanten Suizid bleibt bis zum

---

234 Glaser: Christine Lavant, S.399.

Schluss offen, Ärzte und Schwestern können sich nur spezifisch weibliche Leidensstereotype als Grund vorstellen. So meint der Gerichtspsychiater:

„Aber Sie müssen doch einen Grund dazu haben. Wahrscheinlich hat Sie der Freund verlassen, und es war nicht gleich ein anderer da, wie?!"[235]

Betrachtet man den Wahnsinn als tatsächliche geistige Erkrankung, und nicht als Abweichen von gesellschaftlichen Wert- und Rollenvorstellungen, so erscheint die Ich-Erzählerin nicht als wahnsinnig. „Das Bewußtsein vom Wahnsinn besteht nur auf dem Hintergrund des Bewußtseins, nicht wahnsinnig zu sein"[236], schreibt Foucault, der damit allerdings jede Form des Wahnsinns als Zuschreibung entlarvt. Die Ich-Erzählerin hat ein Bewusstsein des Wahnsinns. Sie grenzt sich von den – aus ihrer Sicht – tatsächlich Wahnsinnigen ab, schließlich ist ihr Aufenthalt freiwillig:

Nein, ich sehe es schon ein, daß er es mir nicht leichter machen konnte, denn da die Gemeinde für die Kosten hier aufkommen muß, wird sie auch die entsprechende Unterlage und Bestätigung haben müssen, daß ich auch tatsächlich verrückt bin. Nun, das kann lieblich werden, wenn ich wieder heim komme. Aber damit mußte ich schließlich rechnen, als ich um Aufnahme hier ansuchte. Was habe ich eigentlich davon erwartet? Heilung wovon? Dachte ich wirklich, daß so und so viel Arsen, in gewissen Abständen eingenommen, meinem Leben einen Sinn geben würde?[237]

Foucaults Überlegung zum Bewusstsein des Wahnsinns impliziert auch die Frage, ob die Selbstreflexion über den eigenen Wahnsinn diesen nicht eigentlich schon ausschließt. Die Ich-Erzählerin jedenfalls reflektiert über ihren geistigen Zustand, ist sie tatsächlich verrückt, so zeigt sich das nicht in sinnentleertem Schreiben. In einer Phase der stärkeren Identifikation mit anderen Patientinnen bekennt sie sich plötzlich zum Wahnsinn:

Es ist gut, verrückt zu sein unter Verrückten, und es war eine Sünde, ein geistiger Hochmut, so zu tun, als wäre ich es nicht. Warum soll ich nicht auch einmal irgendwo richtig und ganz daheim sein?[238]

Hier zeigt sich der Unterschied zwischen einer unmittelbaren Teilhabe an den Gedanken, wie wir sie im inneren Monolog finden, und der Mittelbarkeit von schriftlichen Aufzeichnungen. Was die Ich-Erzählerin

---

235 Ebd., S.32.

236 Foucault: Wahnsinn und Gesellschaft, S.161.

237 Ebd., S.34.

238 Ebd., S.64.

niederschreibt, egal, ob sie dabei einen möglichen Leser im Hinterkopf hat oder nur für sich selbst schreibt, muss nicht ihren tatsächlichen Gedanken entsprechen. Das Geständnis, verrückt zu sein, scheint eher dem Wunsch nach Teilhabe zu entwachsen, denn so fühlt sich die Ich-Erzählerin nirgendwo zugehörig, weder dem Wahnsinn, noch der Gesellschaft. Der Übergang von der Abgrenzung von den Irren zur Anerkennung des eigenen Wahnsinns ist kein Wechsel des geistigen Zustands der Ich-Erzählerin, sondern ein Loslassen des Wunsches nach gesellschaftlicher Akzeptanz:

> Ich weiß, ich könnte das mit einem Schlag ändern, ich brauchte zum Beispiel nur einmal bei der Essensverteilung meinem Ekel nachgeben und die Blechschale an die Mauer werfen, aber mir liegt noch zu viel daran, daß die Schwestern „Sie“ und „Fräulein“ zu mir sagen und daß die Ärzte ihr Visitlächeln ein wenig ins Menschliche abbiegen, wenn sie zu mir kommen. Solange man mich hier nur als vorübergehender Gast betrachtet und ich diese Stellung auch vor mir selber aufrecht erhalte, ist die letzte Grenze noch nicht überschritten.[239]

In der bewussten Instrumentalisierung ihres Wahnsinns, egal, ob dieser nun tatsächlich existiert oder ihr nur unterstellt wird, lassen sich Züge der Hysterikerin erkennen. Die Patientin spielt mit den Erwartungshaltungen der Ärzte und des Pflegepersonals. Anfangs versucht sie ihnen zu entsprechen und auf bestimmte Situationen und Vorgänge auf der Station adäquat zu reagieren:

> „Ach sehen Sie sich das lieber nicht an, das ist nichts für Sie!“ sagte das Nusserl,[240] als die große Magere – ich glaub, sie heißt Baumerl – hinfiel. Um nicht roh zu erscheinen, mußte ich so tun, als ob es mich tatsächlich angriffe, aber in Wahrheit hätte ich mir lieber alles ganz genau angesehen. So schoben sie mich in den Waschraum ab, wo ich dann auch pflichtschuldigst einen Weinkrampf bekam.[241]

Die Ich-Erzählerin spielt eine Rolle, die sich an ihrem Status als Neuzugang und ihrer Weiblichkeit orientiert. Während sie das Stationsleben in ihren Aufzeichnungen distanziert und bissig schildert, schonungslos zu den anderen Patientinnen, schonungslos aber auch in ihrer Selbstbeurteilung, orientiert sie sich in ihrem Auftreten nach außen an geschlechtstypischen Stereotypen. Ihr übertriebenes Zur-Schau-Stellen von Emotionen und verletzlicher Weiblichkeit wirkt wie eine Imitation

239 Ebd., S.9.

240 Die Ich-Erzählerin verwendet Spitznamen für Patientinnen und Pflegepersonal.

241 Lavant: Aufzeichnungen aus einem Irrenhaus, S.8.

der Hysterikerin. Eine Imitation, denn ein tatsächlicher Zwang zu ihrem Verhalten liegt anfangs nicht vor, auch wenn sich ihr Spiel zum Teil verselbstständigt:

> Ich hätte ebenso gut singen können oder pfeifen oder mit den Anstaltspantoffeln gegen die feuchte Mauer schlagen, aber ich entschloß mich schließlich doch für das Weinen. Daß es dann solche Ausmaße annahm, war allerdings etwas peinlich, aber ich konnte nichts dagegen tun.[242]

Trotzdem bleiben die Symptome der Hysterikerin für die Ich-Erzählerin nur ein Mittel zum Zweck. Dadurch grenzt sie sich von den anderen Insassinnen ab, diese werden nämlich durchgehend als tatsächlich geistig krank geschildert:

> Irgendwelche Anfälle stehen mir leider nicht zur Verfügung, sonst hätte ich es leicht gehabt, alles auf eine geläufige Art zu unterbrechen, die Zwangsjacke schreckte mich nicht. Aber Verstellung ist hier so schwer, viel schwerer als anderswo, man stößt hier ja gleich auf alle die echten Ausbrüche wie auf lauter Gegner und müsste dazu schon sehr geübt und sehr stark innen sein.[243]

Thematisiert wird auch die Schwierigkeit, als Frau Literatur zu produzieren, womit Lavant in einer Tradition mit Autorinnen wie Virginia Woolf, Silvia Plath und Doris Lessing steht, um nur einige wenige zu nennen. Die Ich-Erzählerin erweitert die Ebene der Weiblichkeit um die Ebene der sozialen Schicht. Weiblichkeit und Armut sind ihre bestimmenden hierarchisierenden und diskriminierenden Attribute. Dies zeigt sich vor allem durch die zwei den Text bestimmenden Gruppen: Ärzte (beziehungsweise auch Pflegepersonal) und Patienten.

3.2. Die Ärzte

Lavants Text thematisiert verschiedene Arten von gesellschaftlichen Hierarchien. Neben der Hierarchie zwischen Arzt und Patientin kommt außerdem noch die gesellschaftliche Schicht zum Tragen. Der Platz, den die Ich-Erzählerin in der Gesellschaft einnimmt, wird besonders deutlich bei der Vernehmung durch den Gerichtspsychiater. Sie ist nicht nur eine Frau, die mit ihrem Selbstmordversuch gegen die Regeln der Gesellschaft verstoßen hat, sie kommt zudem aus armen Verhältnissen.

---

242 Ebd., S.8.

243 Ebd., S.73.

„„Das ist also die Person?" war das erste, was ich von ihm hörte."[244] Die Ich-Erzählerin ist reines Objekt des Diskurses, es ist weniger ihr vermuteter Wahnsinn, der sie aus dem Diskurs ausschließt, sondern ihr Geschlecht und ihre gesellschaftliche Stellung. Die Ärzte sind voreingenommen und bringen ihren Selbstmordversuch automatisch mit ihrem Geschlecht in Verbindung. In den Aussagen des Gerichtspsychiaters wird deutlich, dass der Wahnsinn nicht als geistige Erkrankung, sondern als Verstoß gegen gesellschaftliche Normen interpretiert wird. Zur Heilung muss demzufolge eine Wiedereingliederung in die gesellschaftliche Hierarchie und ein Anpassen an gesellschaftliche Konventionen erfolgen:

> Wenn sie auch etwas schwächlich zu sein scheint, so könnte sie immerhin einen leichteren Posten ausfüllen, und Arbeit vertreibt alle Dummheiten, die diesen jungen Damen da im gewissen Alter manchmal ankommen. Von der Schule heraus auf einen ordentlichen, strengen Dienstplatz ist immer noch das beste Mittel gegen Hysterie.[245]

Der Gerichtspsychiater verwendet kein medizinisches oder psychologisches Vokabular, der Diskurs ist weder medizinisch noch psychologisch, er dreht sich um die Hierarchie sozialer und gesellschaftlicher Rollenverteilung. Die Ärzte sind eine moralische Instanz, ihre Werte definieren, was Wahnsinn ist und was nicht. Literatur zu produzieren steht einer Frau jedenfalls nicht zu:

> „Sie will ja nur dichten." [S]agte da die spitze Stimme vom Fenster her. Alle lachten, warum hätte ich nicht auch lachen sollen? ... „Ja, meine Teure –„, sagte da der Kleine, „diese Gewohnheiten wirst du dir freilich abgewöhnen müssen. Düchten mir Umlaut ü, gelt, wahrscheinlich kann sie nicht einmal ordentlich rechtschreiben, aber dichten will sie! Sehen Sie, Kollege, solche Geschichten kommen heraus, wenn jeder Bergarbeiter schon glaubt, seine Sprösslinge in Hauptschulen und so schicken zu müssen. Also, mein Kind, das Düchten überlaß du schön anderen Leuten, und wenn der Herr Primarius dich wieder zur Vernunft gebracht hat, so nach ein zwei Jahren, dann sei froh, wenn du eine Gnädige bekommst, die dich zu allen häuslichen Arbeiten ordentlich abrichtet. Verstanden?"[246]

Der Primarius hingegen macht deutlich, dass er die Ich-Erzählerin gar nicht für wahnsinnig hält. Dies erklärt er sich durch ihren freiwilligen Aufenthalt:

---

244 Ebd., S.31.

245 Ebd., S.33.

246 Ebd., S.34.

„Sehen Sie, Kollege, das ist der erste Fall in meiner Praxis, der aus eigenem Antrieb zu uns gekommen ist. Natürlich gehört das Fräulein eigentlich nicht hierher, aber ein Sanatorium mit Mast und Liegekur kann man einer Landgemeinde nicht zumuten, und so versuchen wir es eben mit ein bisschen Arsen."[247]

Das Ziel des Aufenthaltes der Ich-Erzählerin ist nicht die Heilung von einer psychischen Erkrankung. Auch bei den anderen Patientinnen scheint das nicht der Fall zu sein. Die Ärzte sind eine bewertende, keine heilende Instanz. Die dabei angelegten Maßstäbe sind nicht individuell, Wahnsinn als Abweichen vom eigentlichen Charakter des Individuums, sondern universell: Wahnsinn als Abweichen von der gesellschaftlichen Norm. Da diese Norm männlich geprägt ist, sind die Patientinnen von vornherein in einer schlechten Position. Über eine aus heutiger Sicht adäquate Form der Therapie berichtet die Ich-Erzählerin nichts. Medikation und Strafe sind die Mittel, mit denen gearbeitet wird. Die Zwangsjacke als Drohung oder Sanktion für falsches Verhalten, ein psychoanalytischer Ansatz wird vermisst.

Trotz der Kritik werden die Ärzte nicht dämonisiert. Die Ich-Erzählerin bekundet individuelle Zu- oder Abneigung, auch der gute Wille wird durchaus anerkannt. Genauso verhält es sich mit dem Pflegepersonal: Es gibt Kritik an den Methoden, Kritik am Zustand, aber keine pauschale Verurteilung, trotz der schlechten Verhältnisse.

Akzeptiert wird ein Wahnsinn, der mit den traditionellen Geschlechtsbildern korreliert, die schwache Frau im Liebeswahn zum Beispiel. Der Ich-Erzählerin wird von Seiten der Krankenschwestern und Ärzte unterstellt, ihr Selbstmord stehe in Zusammenhang mit einer unerfüllten Liebe. Nach anfänglichem Sträuben gegen diese Unwahrheit instrumentalisiert sie dieses stereotype Vorurteil, indem sie alle glauben lässt, unglücklich in ihren Schwager verliebt zu sein, und erntet damit Verständnis. Diese Art von Wahn wird als temporär angesehen, oder, wie im Fall der Ich-Erzählerin, nicht als Wahnsinn, sondern als vorübergehende Erschöpfung, der Aufenthalt im Irrenhaus ist eine Art Kur. Für den Gerichtspsychiater ist es allenfalls eine Art pädagogische Strafe, welche die Ich-Erzählerin wieder auf den rechten Weg ihrer biologischen und sozialen Herkunft bringen sollte.

[247] Ebd., S.12.

3.3. Die Patientinnen

In einigen Texten und Filmen, die in der Psychiatrie spielen, wird die Institution Psychiatrie, meist repräsentiert durch einen Arzt, zum gemeinsamen Feindbild der Patienten, die dadurch zur Schicksalsgemeinschaft werden und sich gegenseitig unterstützen[248]. Ein solches Phänomen findet in *Aufzeichnungen aus einem Irrenhaus* nicht statt. Die Ich-Erzählerin findet nie Aufnahme in die Gemeinschaft der Irren, auch wenn sie das in manchen Szenen zwanghaft versucht. Sie befindet sich in einem Dilemma: Einerseits will sie von den Insassinnen akzeptiert werden, dies würde aber den endgültigen Ausschluss aus der Gesellschaft bedeuten. Es ist ein Schwanken zwischen dem Wunsch nach Zugehörigkeit und der Angst vor dem Stigma des Wahnsinns. So agiert sie mehr als Beobachterin, was den anderen nicht verborgen bleibt. Sie wird sogar als Spionin bezeichnet:

> Gestern hörte ich die Königin zu Renate sagen: „Mit Augengläsern und Aktentasche ist die hier einmarschiert, der Teufel soll sie holen! Was hat sie auch da bei uns zu tun? Wahrscheinlich spionieren, was auch sonst?"[249]

Die Ich-Erzählerin distanziert sich von den anderen Patientinnen. Sie verbindet die Achtung der Ärzte und des Pflegepersonals mit geistiger Normalität, ein Anzeichen für die Entwertung der Wahnsinnigen. Der Wahnsinn erscheint Lavants Ich-Erzählerin als Möglichkeit der Armut und ihrer niedrigen sozialen Stellung zu entkommen, sie muss allerdings schon bald feststellen, dass die Institution Psychiatrie nach genauso strengen hierarchischen Prinzipien arbeitet, nicht nur in der Arzt-Patient-Beziehung, sondern auch unter den Patientinnen. Zum einen gibt es die institutionell geschaffene Hierarchie. Drei Stationen, eingeteilt nach unterschiedlicher Schwere der Fälle:

> Ich bin auf Abteilung „Zwei". Das ist die Beobachtungsstation für die „Leichteren", um man kommt eigentlich von Rechts wegen nur hinein, wenn man „Drei" schon hinter sich hat. Ich habe „Drei" noch nicht hinter mir, und das nehmen mir die meisten übel.[250]

Zum anderen gibt es eine von den Patientinnen selbst geschaffene Hierarchie. Es ist ein internes System, das sich nach denselben Konstanten ausrichtet, wie die Gesellschaft außerhalb, eine Parallelgesellschaft oder Schattengesellschaft sozusagen, an deren Spielregeln die Ich-Erzählerin

---

248 Vgl.: *Einer flog über das Kuckucksnest, Durchgeknallt,* u.a.. Das gleiche Phänomen wird gerne in Gefängnis-Romanen und Filmen verwendet.

249 Lavant: Aufzeichnungen aus einem Irrenhaus, S.7.

250 Ebd.

sich erst gewöhnen muss. Macht, soziale Schicht und Bildung sind die Größen, die hier eine Rolle spielen, nur das Geschlecht ist kein Kriterium, da es ja nur Patientinnen gibt. Die Ich-Erzählerin gehört zur niedrigsten Gruppe, sie ist Dritte-Klasse-Patientin, da sie ihren Aufenthalt nicht selbst bezahlen kann, kommt die Gemeinde dafür auf. Den höchsten Status haben die Lehrerinnen. Sie haben sich durch ihre Bildung von den anderen ab und bleiben unter sich:

> Vielleicht versuche ich doch einmal an den Lehrerinnentisch vorzudringen? Es geht dort immer so manierlich zu, und man fragt sich unwillkürlich, warum denn diese eigentlich hier sind. Aber ich werde es nicht leicht haben, als Dritte-Klasse-Patientin und Unstudierte, in diesen Kreis der oberen Zehntausend einzudringen. Wenn ich bloß an ihnen vorübergehe, sehen sie mich schon so abweisend an, bloß die dicke Goetheanerin, welche in demselben Saal schläft wie ich, läßt sich manchmal zu einem kleinen Lächeln herbei.[251]

Stand und Geschlecht sind die wichtigsten Kriterien der Hierarchisierung, fällt das Geschlecht als Kategorie aus offensichtlichen Gründen weg, da es sich ja bei allen um Frauen handelt, wird die andere allein entscheidend. Bezeichnend ist, dass sowohl Krankenschwestern als auch Patientinnen mit sprechenden Spitznamen versehen werden. So ist kaum ein Unterschied zwischen den Insassinnen und ihren Wärterinnen zu erkennen, es ist teilweise schwer festzustellen, wer nun zu den Irren gehört und wer nicht, mehr noch, es scheint auch keine Rolle zu spielen. Die sprechenden Spitznamen wirken ironisierend und spiegeln Eigenschaften und Machtverhältnisse wider, so ist die Königin zum Beispiel eine Patientin, welche sich unter den anderen Insassinnen eine überlegene Stellung sichern konnte.

Die Kritik an der Institution Psychiatrie ist deutlich. Die Ich-Erzählerin schildert die brutalen Methoden, wobei sie manchmal gefühlskalt und distanziert erscheint, dann wieder Situationen gänzlich unbewertet lässt. Es kommt auch vor, dass sie deutliche Worte findet, gerade die Emotionslosigkeit der Patientinnen untereinander stärkt die Wirkung der beschriebenen Situationen als unausgesprochene Kritik an einem System, welches ohne totale Abstumpfung und Verlust der eigenen Empathiefähigkeit nicht zu ertragen wäre. Jeder ist sich selbst der Nächste in diesem Irrenhaus. Auch wenn die Ich-Erzählerin dies reflektiert, kann sie nichts daran ändern:

> Die Magere, die im zweiten Bett rechts von mir lag und ihre damit hinbrachte, zu schreien oder nach den Spritzen wie eine Tote zu schlafen, ist am Morgen sterbend in den kleinen Raum vor den Klosetten

251 Ebd., S.22.

gebracht worden, wo sie auf der niederen Bahre endlich allein starb. [...] Eigentlich hätte ich ja beten können, aber mein erster Gedanke war der, ob ich nun doch ihr Bett bekommen könnte, um nicht mehr meine Nächte so nahe am Leibstuhl verbringen zu müssen. [...] Das also ist die berühmte Liebe zum Nächsten –: Eine stirbt nach entsetzlichen Leiden, stirbt wie ein Vieh, und eine andere hat dabei nur den Gedanken, ob sie nun dieses ausgestorbene Bett bekommen könnte.[252]

Infragegestellt wird nicht die Institution Psychiatrie, wie dies in der Antipsychiatriebewegung später geschehen sollte und von Virginia Woolf schon vorher literarisch verarbeitet wurde, infragegestellt werden Methoden und Behandlungsweisen, welche die Patientinnen entmenschlichen und eine reine Sanktionierung ihres Verhaltens darstellen, ohne nach dessen Ursprung zu fragen. Um Ruhe von einer anhänglichen Irren zu haben, wendet die Ich-Erzählerin deren Logik an und beruhigt sie so. Es wundert sie, dass die Ärzte und Pfleger dazu nicht in der Lage sind, sondern mit Gewalt reagieren:

Meine Lüge wird dadurch um nichts weniger schäbig, denn ich gebrauche sie um meinetwillen, aber es wundert mich immerhin, daß die, welche hier dazu berufen sind, zu beruhigen und zu lindern, nicht die nötige Zeit dafür aufwenden, um sich in die seltsamen Gedankengänge der Kranken so weit einzufühlen, daß sie die Stelle herausfinden, an welcher sie [sie?] einzusetzen haben. Sicher wäre es oft viel einfacher, als man annimmt, und mit ein paar entsprechenden Worten gelänge mehr als mit Spritzen und Zwangsjacken.[253]

Es ist ein bizarres Ensemble, das uns Lavant hier präsentiert. Es gelingt der Ich-Erzählerin nicht, eine Beziehung zu einer der Patientinnen aufzubauen. Dies liegt zum einen an den oben beschriebenen gesellschaftlichen Hierarchien und Ausschlussmechanismen, zum anderen am Zustand der meisten Patientinnen, der gekennzeichnet ist durch die Unfähigkeit zu kommunizieren. Der Versuch, mit den Insassinnen in Kontakt zu treten, die der Ich-Erzählerin nicht schon von vornherein negativ gesinnt sind, ist meist zum Scheitern verurteilt. Es herrscht eine Sprachlosigkeit, die sich nicht durch Stille, sondern durch die Unmöglichkeit sich verständlich zu machen und sich auszutauschen auszeichnet. Auch wenn miteinander gesprochen wird, so spricht doch jeder im Grunde nur für und mit sich selbst. Renate, eine Patientin, die der Ich-Erzählerin am meisten am Herzen liegt, ist unfähig, von ihrer eigenen Situation zu abstrahieren. Sie ist besessen von ihrem angeblichen Geliebten, den sie als Himmelsschuster bezeichnet, und ihrer Stiefmutter.

252 Ebd., S.45.

253 Ebd., S.108.

Automatisch legt sie ihre eigene Situation auf die ihres Gesprächpartners um. Unter dieser Unfähigkeit zur Kommunikation leidet weniger sie als das mit ihr in Kontakt tretende Umfeld:

> „Auch ich habe Einen sehr lieb, Fräulein Renate." ... „Auch einen Himmelsschuster?" ... Nachdem ich dies verneinte, kehrte sie ihr aufgeschlossenes Gesicht wieder ab. Es ging ihr wohl nichts sonst nahe. Aber ich wollte es nicht wahrhaben und redete weiter in sie hinein [...]. „Was sagt denn Ihre Schwiegermutter dazu?" ... „Ich habe keine. Meine Mutter sagt nichts, denn sie weiß es ja nicht. Es sind überhaupt Sie der einzige Mensch, der es jetzt außer mir noch weiß." ... Aber auch das rührte Renate in keiner Weise, sie fragte bloß abgewandt: „Hat Ihnen der Teufel auch einen Strick gebracht?"[254]

Kritisiert wird auch der Missbrauch von männlicher Überlegenheit und Stärke gegenüber den Patientinnen. Zum Ausgeliefertsein der Patientinnen den Krankenschwestern gegenüber kommt noch eine sexuelle Komponente hinzu, wenn es sich um Krankenpfleger handelt:

> Ihr verseuchtes Blut muß ihr unendliche Pein verursachen, denn sie hat sich allen Warnungen zum Trotz so ausdauernd blutig gekratzt, bis man zwei Pfleger aus der Männerabteilung holte, um die Arme mit deren schamloser, wüster Hilfe in die Zwangsjacke zu zwingen. Ich weiß nicht, ob es tatsächlich notwendig war, aber bestimmt wäre es so nicht notwendig, denn wie sie an ihre Brüste ankamen, waren sie nicht Pfleger, sondern Männer, und hatten ihre Lust daran.[255]

Die Ich-Erzählerin darf jeden Abend ein Bad nehmen, dieses Zugeständnis des Primars entwickelt sich aber zur Tortur. Nicht nur, dass sie von den anderen Patientinnen dabei belästigt wird, auch die Ärzte gehen bei ihrer Visite daran vorbei und mustern ihren Körper.

Die Bezeichnung Irrenhaus war zur Entstehungszeit des Textes in den vierziger Jahren mit Sicherheit noch weniger drastisch, trotzdem deutet die Bevorzugung des Begriffs vor weniger negativ konnotierten Ausdrücken auf den Internierungscharakter der Institution hin. Es ist kein Krankenhaus, kein Ort, wo Patienten gesund gemacht werden. Entweder es findet eine Angleichung an die herrschende Norm statt oder nicht. Dies sind die hoffnungslosen Fälle. Sie fristen ihr Leben dort, weil die Gesellschaft sie nicht haben will. Der Ich-Erzählerin wird eine Zugehörigkeit zur Gesellschaft offenbar noch zugestanden. Die Aufzeichnungen enden lakonisch. Ohne weitere Erklärung wird die Ich-Erzählerin entlassen:

---

254 Ebd., S.76.

255 Ebd., S.46.

Morgen sind die sechs Wochen um, und ich soll austreten.

Man hat mich geheilt hier. Ja, ich muß wohl annehmen, daß ich geheilt bin, denn man behält mich nicht mehr, obwohl der Gerichtspsychiater mir ein Jahr mindestens bewilligt hatte.[256]

3.4. Problematik

Der Text wurde in zweifacher Hinsicht kritisiert, was jedoch zum Teil widerlegt werden kann. Auf der Handlungsebene wird die Liebe der Ich-Erzählerin zu einem Arzt kritisiert. „Nur der Schluss des außergewöhnlichen Buches enttäuscht. Leider wird „der Grund" verraten. Das hat mit der „Wahrhaftigkeit zu tun, die ein schlechtes Stilprinzip ist."[257] Was Hans-Peter Kunisch in seiner Rezension schreibt, trifft nur zum Teil zu: Die Liebe zum einweisenden Arzt, die erst ziemlich spät thematisiert wird, wirkt enttäuschend. Der Grund für ihren Aufenthalt im Irrenhaus ist dieser aber nicht. Auch wenn sie sich von ihm aufgrund ihrer Zuneigung zu einer freiwilligen Einweisung überreden hat lassen, mit ihrem Selbstmordversuch hat das nichts zu tun, der fand nämlich statt, bevor sie den Arzt überhaupt kannte. Den Grund für ihren Suizidversuch lässt sie bist zum Schluss offen. Auch der freiwillige Aufenthalt im Irrenhaus lässt sich nicht monokausal erklären. Viel deutlicher als die Überredungskunst des Arztes ist der Wunsch der Ich-Erzählerin, sich ihrer sozialen und ökonomischen Situation zu entziehen.

Enttäuschend ist die Erklärung, weil die Ich-Erzählerin mit den stereotypen Vorstellungen der Pflegerinnen und des zuständigen Arztes spielt, für die der einzige denkbare Grund für den Selbstmordversuch einer Frau in einer unerfüllten Liebe zu suchen ist. Sträubt sie sich anfangs dagegen, so lässt sie die Schwestern schließlich in dem Glauben, unglücklich in ihren Schwager verliebt zu sein, und wird dadurch mit Verständnis belohnt, in ihren Aufzeichnungen aber macht sie sich über diese stereotypen Vorstellungen lustig. Das Geständnis, tatsächlich unglücklich verliebt zu sein, unterläuft die Ironisierung und wirkt wie eine Bestätigung der stereotypen Vorstellungen von Geschlechterrollen.

Das Unterlaufen eines Stereotyps und spätere Bemühen desselbigen zeigt aber auch die Ambivalenz der Ich-Erzählerin und ihr Verhaftet-Sein in gesellschaftlichen Mustern. Insofern lässt sich in der Liebe zum Arzt, zum Repräsentanten der Gesellschaft, eine Konsequenz erkennen,

256 Ebd., S.121.

257 Kunisch: Ein Rosenkranz, fünf Gottseiverflucht, In: Die Zeit, S.46.

denn das Schwanken zwischen Flucht vor und Sehnsucht nach Zugehörigkeit, das Rebellieren gegen Normierung und gleichzeitige Anpassen daran, ist ein konstituierendes Element der Hauptfigur.

Der zweite Kritikpunkt betrifft die Entstehungszeit des Werkes. Der Text wurde 1946 verfasst. Die Herausgeberinnen Annette Steinsiek und Ursula A. Schneider vermuten, dass Lavant „inzwischen mehr Wissen hatte, daß sie die historische Dimension begriffen hat, vor der die Selbstbezogenheit, die Fixierung auf eine Liebesgeschichte[258] für sie nur Scham war"[259]. Ob dem so ist oder nicht, ist reine Spekulation. Eine Kritik scheint hier höchstens an der Autorin möglich, dem Text kann die fehlende Thematisierung des Nationalsozialismus in der so sensiblen historischen Phase der Nachkriegszeit und beginnenden Entnazifizierung nicht angelastet werden, zumindest nicht bei einer immanenten Interpretation. Eine Jahreszahl wird von der Ich-Erzählerin nicht genannt, es fehlt dem Text eine konkrete historische oder politische Dimension. Die skizzierten Verhältnisse deuten auf einen provinziellen, konservativen Kontext hin, sind aber weder auf einen spezifischen Ort noch einen genauen Zeitpunkt ausgerichtet.

Die stark autobiographische Lesart, die auch von den Herausgeberinnen bevorzugt wird, würde Lavant ebenfalls von diesem Vorwurf entbinden, fand ihr Aufenthalt im Irrenhaus doch 1935 statt, also drei Jahre vor dem Anschluss Österreichs an das Deutsche Reich. Besteht man auf einer autorbezogenen Lesart, so könnte man mit Martin Walser argumentieren, dass Lavant nichts thematisieren konnte, was sie nicht selbst erlebt hatte. Eine Übereinstimmung mit dem Gedankengut der Nazis ist in keinem Fall gegeben:

> Ihr „Mit-Leiden", ihre Sehnsucht nach Humanität, ihre Demut vor der Existenz, die Skepsis gegenüber angeblich heilbringenden Ideen, möglicherweise die Erfahrung, selbst immer als „ungesund" jedenfalls aber als unproduktiv eingestuft zu sein, die Erfahrung mit der Psychiatrie, machen glaubhaft, daß sie nie „naziverseucht war".[260]

Ob die Autorin Christine Lavant mit den Nazis sympathisierte, gilt als unbekannt. Da ihr Aufenthalt in der Psychiatrie und ihre schwere Er-

---

258 Die von den Herausgeberinnen verortete „Fixierung auf eine Liebesgeschichte" ist nicht ganz nachvollziehbar, nimmt diese doch einen ziemlich beschränkten Teil des Textes ein. Wirklich thematisiert wird diese erst auf den letzten 20 von 120 Seiten.

259 Steinsiek/Schneider: Out of Biography, S.143.

260 Ebd., S.142.

krankung sie zu einem potenziellen Opfer machten, ist es eher nicht anzunehmen.[261]

Eine textimmanente Lesart der *Aufzeichnungen aus einem Irrenhaus*, die eine Kritik am Mikrokosmos Psychiatrie und parallel dazu auch an der Gesellschaft darstellen, lässt einen solchen Vorwurf in jedem Fall nicht zu.

3.5. Zusammenfassung

Zusammenfassend kann folgendes gesagt werden: Der weibliche Wahnsinn in *Aufzeichnungen aus einem Irrenhaus* wird isoliert betrachtet, er wird nicht mit der Darstellung männlichen Wahnsinns kontrastiert. Die untergeordnete Position der Patientinnen ergibt sich nicht erst durch ihre Geisteskrankheit, sondern schon im Vorhinein durch ihr biologisches Geschlecht. Die Darstellung des Wahnsinns ist nicht prinzipiell, aber doch in einigen Fällen an vorgeblich weiblichen Ausprägungen des Wahnsinns orientiert. So finden sich Hinweise auf Hysterie, Liebeswahn und Verstöße gegen traditionelles Rollenverhalten. Es findet eine Vermischung von Symptomatik und Ätiologie statt. Pathologische Liebe und geschlechts- bzw. auch standesuntypisches Verhalten kann sowohl als Anzeichen, als auch als Auslöser für Verrücktheit interpretiert werden. Wichtiger als eine spezifisch weibliche Symptomatik ist die Stellung der Frau in der Gesellschaft, die sich an der strengen Hierarchie im Mikrokosmos Irrenhaus ablesen lässt: Der männliche Arzt bestimmt die Norm, welche er an gesellschaftlichen, geschlechtsorientierten Wertvorstellungen festmacht. Eine untergeordnete Stellung nehmen die Krankenschwestern ein. Sie sind Gehilfinnen, die sich ihren Platz in der Gesellschaft durch ihre Teilhabe am patriarchalen Wertesystem sichern. In der untersten Position finden sich schließlich die Patientinnen. Spezifisch weiblich ist an ihrer Situation, dass zu Rechtlosigkeit und verweigerter Mitsprache ihr Ausgeliefertsein als Sexualobjekt für Ärzte und männliche Pfleger hinzukommt.

261 Vgl.: Taferner: Die vielen Gesichter der Christine Lavant, S.153f.

4. Die gespaltene Frau: Helmut Kraussers *Schmerznovelle*

Der Titel *Schmerznovelle* erinnert an Arthur Schnitzlers berühmte *Traumnovelle,* das Setting an *Fräulein Else* oder auch *Das weite Land*: Ein mondäner Ferienort an einem Badesee, Schnitzlers gehobenes Bürgertum der Jahrhundertwende wird ausgetauscht durch die High Society des beginnenden 21. Jahrhunderts, welche sich bei genauerem Hinsehen als reiche Lokalprominenz entpuppt. Auch die Themen haben Schnitzlersche Prägung: Sexualität, Tod und Wahnsinn sind die beherrschenden Motive beider Autoren.

Ein Arzt, Spezialist für sexuelle Abnormitäten, ist zu Gast bei seinem Doktorvater und Freund Kappler, mit dessen Frau er ein Verhältnis hat. Dieser weist ihn auf Johanna Palm hin, die nach dem Tod ihres Ehemannes an einer Persönlichkeitsspaltung leidet, wobei sie wechselweise ihre eigene und die Identität ihres Mannes annimmt. Zwischen dem Psychiater und seinem Analyseobjekt Johanna entwickelt sich eine sexuelle und auch eine emotionale – wenn auch ambivalente – Beziehung, die mit einem Unglück endet: Johanna versucht, den Ich-Erzähler zu ermorden, ersticht sich dann aber selbst. Von Tom Tykwer als „Kripornomelodram“[262] bezeichnet, handelt es sich bei der Schmerznovelle nur oberflächlich betrachtet um einen Krimi. Eine Lesart als solcher ist zwar möglich und wird vom Autor durchaus aktiv unterstützt, ist aber wenig befriedigend. Den Leser zu befriedigen ist aber auch gar nicht Kraussers Motivation, vielmehr versucht er, Erwartungshaltungen fehlzuleiten (was nicht immer gelingt) und den Leser zu provozieren[263] (was meistens gelingt).

4.1. Der Ich-Erzähler

Der Ich-Erzähler ist Psychiater und Psychotherapeut, was seinen gesellschaftlichen Status maßgeblich bestimmt. Als Arzt, noch dazu als männlicher Arzt, ist er in einer gesellschaftlich privilegierten Position. Von Vornherein wird ihm von seiner jeweiligen Umgebung Vertrauen entgegengebracht, in seinem Bereich nimmt er eine bestimmende Position im Diskurs ein. Ohne zu hinterfragen wird ihm eine Deutungshoheit zugestanden, die aber im Laufe des Textes karikiert und *ad absurdum* geführt wird. Schon bald entlarvt sich der Protagonist als unzuverlässiger Erzähler. Im Kapitel *Befragung I* wird klar, dass der Ich-Erzähler von der Polizei des Mordes verdächtigt wird:

262 Schmerznovelle, Klappentext.

263 Vgl.: Apel: Die Kriminalpolizei rät: Vorsicht vor dem Doktor!, S.L3.

> Ich habe versucht, nicht zu lügen. Als die Polizisten Platz nahmen, war ich noch festen Willens, alles so zu erzählen, wie es sich zugetragen hatte. […] Mir kam die Lust abhanden, Wahrheit so unästhetisch und nackt zu präsentieren, zuletzt wies ich jeden Verdacht, Johanna Maria Palm ermordet zu haben, weit von mir, und tatsächlich konnte ich mich von diesem Moment an nicht mehr sicher erinnern, sie jemals anders als nur mit dem Mund berührt zu haben.[264]

Das Spiel, das der Ich-Erzähler mit der Polizei zu treiben scheint, ist auch ein Spiel mit dem Leser und eine Aufforderung zur Reflexion statt zu bedingungslosem Vertrauen in die Aufrichtigkeit und Zuverlässigkeit der vermittelnden Instanz.

Der Ich-Erzähler ist berufsgemäß ein Analytiker. Auch privat erstellt er Charakterprofile und macht sich Bilder von Lebensweisen, anhand von kleinen, ihm ins Auge fallenden Details ohne wirkliche Anhaltspunkte:

> Nur an seinen Rändern und hinten, die fünfzig Meter zum Wald hinauf, bestand der Garten aus Rasenflächen, aufgrund ihrer Schräglage zu keinerlei Art von Ballspielen geeignet. Ich vermutete sofort, daß die Palms kinderlos wären oder ihren Nachwuchs woanders aufgezogen hätten. Wiewohl es mir im nächsten Moment ganz unsinnig erschien, aus so wenig auf so viel zu schließen.[265]

Durch gezielt eingesetzte, selbstkritische und hinterfragende Bemerkungen wird der Leser daran erinnert, die Analysen des Ich-Erzählers nicht absolut zu setzten. Trotz einiger selbstironischer Gedanken weist der Arzt mehrmals auf seinen Status hin und setzt seine Einschätzung über die „von weniger Geschulten“ [266], welche Gefühle, im Gegensatz zu ihm, falsch interpretieren, trotzdem muss er schon bald eingestehen, dass seinem Blick „jede Objektivität“[267] fehlt.

Im Vergleich mit den anderen bisher behandelten Werken und den darin verwendeten Erzählperspektiven wird ein deutlicher Unterschied klar: Während in Ibsens *Nora oder ein Puppenheim*, bedingt durch die Form des Dramas, ein weitgehend neutraler Blick auf den Wahnsinn geworfen wird und in Schnitzlers *Fräulein Else* und Lavants *Aufzeichnungen aus einem Irrenhaus* einmal ein unmittelbarer, einmal ein selektiver Einblick in die Gedanken der Wahnsinnigen möglich wird, wird der Wahnsinn in der *Schmerznovelle* aus der Außenperspektive betrachtet, aus der Sicht desjenigen, dem die gesellschaftliche Deutungshoheit

264 Krausser, Schmerznovelle, S.24.

265 Ebd., S.13.

266 Ebd., S.15.

267 Ebd., S.33.

im Diskurs um den Wahnsinn zukommt. Nun wird ausgerechnet dieses Privileg der Deutungshoheit ironisiert, durch die deutlich erkennbare Subjektivität und Unzuverlässigkeit des Ich-Erzählers. Zuletzt verschwimmen die Ebenen der Vernunft und des Wahnsinns und es lässt sich nicht mehr festlegen, ob der Wahnsinn tatsächlich noch bei Johanna liegt oder ob nicht der Arzt selbst den Verstand verloren hat.

Auch die moralische Überhöhung des Ärztestandes wird außer Kraft gesetzt durch den Ich-Erzähler und durch seinen Doktorvater Kappler. Dieser bringt dem Fall Palm ein rein sensationslüsternes Interesse entgegen, er findet das eindeutig pathologische und selbstschädigende Verhalten Johannas „I-r-r-e!"[268] und „Geil"[269], er beneidet den Ich-Erzähler um seine Position und legt keinerlei moralisches oder professionelles Verantwortungsgefühl an den Tag:

> „Du hättest sie vögeln sollen."
>
> „Wie bitte?"
>
> „Aber ja. Sie ist ja nicht deine Patientin. Noch nicht. Das hätte mich interessiert."[270]

Für Kappler entsteht eine ärztliche Verantwortung erst durch ein Honorar. Durch das Konkurrenzverhältnis von Kappler und dem Ich-Erzähler könnte sein aufstachelndes Verhalten aber auch dazu dienen, seinen ehemaligen Schüler und potentiellen Liebhaber seiner Frau in Schwierigkeiten zu bringen. Nach medizinischer Ethik sucht man bei beiden Ärzten vergeblich. Deutlich wird in jedem Fall ein zweifaches Machtgefälle: Die Überlegenheit des Arztes im Verhältnis zum Patienten und die potentielle Überlegenheit des Mannes über die Frau, welche sexuell ausgenutzt wird. Die Frau dient einerseits als Objekt, als Konsumgut der sexuellen Befriedigung, gleichzeitig befriedigt sie das sich nur oberflächlich als Wissenschaft tarnende Interesse der beiden. Das Vorgehen der beiden Ärzte ist selbstbezogen, verantwortungslos und könnte als Kritik an der Instanz des Arztes gelesen werden, würde eine potentiell gesellschaftskritische Ebene nicht von den pornographischen und thrillerhaften Elementen überlagert. Irgendwann muss sich auch der Ich-Erzähler seine Subjektivität durch emotionale Involvierung eingestehen:

> Es ist schwer zu sagen, wann ich aufgegeben habe, Johanna mittels psychiatrischer Systematiken zu sondieren. Die Affinität, die mich, um es vorsichtig auszudrücken, gepackt hatte, war letztlich auch der

---

268 Ebd., S.65.

269 Ebd., S.66.

270 Ebd., S.21.

> Grund, auf Aufzeichnungen jeglicher Art zu verzichten. Verlogen wäre es gewesen, dieser Angelegenheit einen wissenschaftlichen Anstrich zu geben.[271]

Das Frauenbild, welches uns in der Schmerznovelle präsentiert wird, ist mehr als problematisch. Dies wird relativiert durch die subjektive Sicht des Ich-Erzählers, der weder eine positive Identifikationsfigur ist, noch eine glaubwürdige Position besetzt und sich selbst schrittweise demontiert. Die Erzählweise untergräbt und verhindert immer wieder eine identifikatorische Lesart, weshalb auch keine Kritik an der Darstellung des skizzierten Frauenbildes zulässig ist, unterstützt wird dies durch die deutlich ironische Prägung des Textes. Nichtsdestoweniger unterscheiden sich das Frauenbild des Ich-Erzählers und sein Umgang mit Frauen nicht von dem der anderen männlichen Figuren, was schon zu Beginn auf einer Feier deutlich gemacht wird: Von einer „Parade der Frauen" ist da die Rede, angeblich zunehmende Homosexualität wird „als Folge des auf kein zuträgliches Frauenbild mehr treffenden Hedonismus" zurückgeführt. Für den Ich-Erzähler interessant sind sowieso nur „[a]lleinstehende, zugleich gutaussehende Frauen", weshalb er auch „keinen Grund, länger als unbedingt nötig zu bleiben"[272] sieht, wo doch die im gleichen Atemzug wie das Buffet erwähnte, tief dekolletierte Tochter des Hauses auch schon verlobt ist. In der Welt des Ich-Erzählers dienen Frauen als Aufputz, sie sind Sexualobjekte und fungieren als solche auf einer rein körperlichen Ebene, die Ebene der Vernunft bleibt ihnen verschlossen. Das von Krausser hier skizzierte Milieu, erinnert an das bürgerliche Milieu Schnitzlers, die Stellung der Frau hat sich nicht wesentlich verändert, nur einige Tabus scheinen verschoben. Entscheidend ist aber auch, dass es nicht nur die Männer sind, die Frauen reduzieren und auf Rollen festlegen, sondern dass sich diese scheinbar widerspruchslos diesen Ansprüchen fügen oder ihnen sogar aktiv vorausgreifen. Ob es die schon erwähnte Parade der Frauen ist oder Johanna, die sich für den Ich-Erzähler schön macht und sexuelle Wünsche jeglicher Art erfüllt, weiblicher Widerstand gegen die patriarchalischen Verhältnisse findet nicht statt und auch Johannas Wahnsinn steht nicht in diesem Kontext.

Die Form der Ich-Erzählung offenbart die Ich-Bezogenheit des Erzählers, sein Blick auf die anderen Figuren lassen Rückschlüsse auf ihn selbst besser zu als eine verlässliche Charakterisierung der anderen. Wiederholte Gewaltphantasien erhöhen die Distanz zum Erzähler:

---

271 Ebd., S.56.

272 Ebd., S.10f.

> Ein kurzer Gedanke, ein Laut, ihr brechendes Genick, eigentlich ein entzückender Hals.
>
> Der Gedanke erregte mich nicht, noch schien er aus Haß oder Verlustangst geboren. Er war einfach da. Ich wußte nicht, was er in mir zu suchen hatte. Obschon nichts näher liegt, als beim Anblick eines schlanken hohen Halsen an dessen Fragilität zu denken, sprach und handelte etwas Fremdes aus mir.[273]

Im Laufe der Erzählung legt der Ich-Erzähler sein analysierendes Verhalten mehr und mehr ab, sein professionelles Interesse wird ohnehin schon von Beginn an durch sein sexuelles Verlangen getrübt. Die Entdeckung von Johannas Persönlichkeitsspaltung führt auch zu einer Spaltung des Verhältnisses zu ihr, quasi einer Parallelbeziehung zu beiden Charakterteilen, wobei immer mehr der Eindruck entsteht, dass der Ich-Erzähler Ralf Palm als reale Person zu betrachten scheint:

> „Nicht schlecht." Sagte ER. „Du gibst ihr, was sie braucht."
>
> „Du hast hier nichts verloren!"
>
> „Ihr befindet euch am Grab meiner Mutter."[274]

Eine Frau vor Augen habend und als Psychiater eine Persönlichkeitsspaltung diagnostizierend, ist der Ich-Erzähler doch so von gesellschaftlich tradierten Geschlechtsvorstellungen geprägt, dass er automatisch ein unterschiedliches Verhalten beiden Charakterteilen gegenüber an den Tag legt, wobei Ralf mehr und mehr eine zu beseitigende Störung wird. Der Wunsch nach Heilung erfolgt jedoch nicht auf professioneller, sondern auf privater Ebene, einerseits weil er mit dem weiblichen Teil ihrer Persönlichkeit allein sein möchte, andererseits weil er selbst in Johannas Wahnsinn hineingezogen wird und Realität und Pathologie für ihn verschwimmen.

Der zunehmende Kontrollverlust des Ich-Erzählers deutet einen Wahnsinn an, der sich komplementär zu dem Johannas fügt, wie gleich noch näher ausgeführt werden wird. Sogar eine Persönlichkeitsspaltung des erzählenden Ichs ist nicht völlig auszuschließen, behält man seine Definition im Auge:

> Unter einer Persönlichkeitsspaltung Leidende symptomatisieren sich häufig durch verschrobene Wortwahl, allerdings wird in der Mehrzahl der Fälle gehobenes Vokabular durch vulgäres ersetzt, nicht umgekehrt.[275]

---

273 Ebd., S.54.

274 Ebd., S.94.

275 Ebd., S.34.

Es ist eine deutliche Veränderung in der Sprache des Ich-Erzählers bemerkbar, gehobene Bildungssprache wird vulgär bis pornographisch. Gegen das ikonische Prinzip, dass die Sprache des Ich-Erzählers parallel zu seiner mentalen Entwicklung zu sehen ist, spricht allerdings, dass die gesamte Novelle aus der Rückschau entsteht, der angesprochene Prozess also schon stattgefunden hat.

4.2. Johanna

Die festgestellten Parallelen zu Schnitzler bleiben auf Titel und Milieu beschränkt, denn die weibliche Hauptfigur erinnert kaum an eine Schnitzlersche Heldin. Während die Darstellung eines spezifisch weiblichen Wahnsinns bei Autoren wie Ibsen und Schnitzler eine deutlich sozial- und gesellschaftskritische Funktion einnimmt, lässt sich bei Krausser eine Gesellschaftskritik selbst bei gefälliger Lesart mehr erahnen als deutlich erkennen, allein das kontinuierlich eingesetzte Stilmittel der Ironie kann als gezielte Kritik gedeutet werden. Überhaupt fällt die Figur etwas aus der Tradition, in der die bisher behandelten Texte stehen: Zwar ist Johanna eine Schauspielerin, eine Hysterikerin ist sie jedoch nicht. Trotz teils zutreffender Verhaltensweisen fügen sich diese nicht zum Bild der Hysterikerin. Johannas Wahnsinn fehlen Motivation und Dynamik des Aufbegehrens. Überzeichnet die konzeptuelle Hysterikerin feminine Eigenschaften, um als Karikatur Kritik zu üben, fügt sich Johanna in ihrer übertriebenen, ambivalenten Weiblichkeit den Wünschen ihres männlichen Umfelds, nach dem Muster Heilige und Hure. Krausser entwirft zwar einen patriarchalischen, frauenverachtenden Mikrokosmos, die Verbindung zwischen diesem und dem Wahnsinn der Protagonistin bleibt aber uneindeutig. Johannas Vergangenheit bleibt unerzählt, es ist ihre Persönlichkeitsspaltung, die für ihr Umfeld den Wahnsinn ausmacht, nicht ihr selbstschädigender Drang zur sexuellen Erniedrigung.

Der Wahnsinn der Protagonistin, eine gespaltene Persönlichkeit, ist nicht spezifisch weiblich, die Ausformung jedoch schon. Hervorgerufen wird die Persönlichkeitsspaltung durch den Tod des Ehemannes, doch eine pathologische Störung manifestiert sich schon vorher im extremen Abhängigkeitsverhalten zu diesem während der Beziehung, was dazu führt, wird nicht weiter thematisiert. Johannas Charakter und ihre geistige Erkrankung bleiben schwer einzuordnen, erschließen sich doch alle Informationen über den eingeschränkten und involvierten Blick des Ich-Erzählers.

Die weibliche Hauptfigur erscheint zwar auf den ersten Blick durch ihre vielseitigen und oft unberechenbaren Verhaltensweisen und Charakterzüge komplex, doch gerade durch die vielen Eigenschaften wird sie im Grunde zur Frau ohne Eigenschaften. Johannas Charakter ist nicht vielschichtig, sondern eine Kombination verschiedener Stereotype, die leider zu leicht zu durchschauen sind. Auf der einen Seite findet sich die aktive, gefährliche *femme fatale,* auf der anderen eine *femme fragile,* die in ihrer Passivität und Schutzbedürftigkeit eher den Sadismus des Ich-Erzählers weckt, als dessen Mitgefühl. Doch wieder muss relativierend hinzugefügt werden, dass die Stereotypisierung durch den eingeschränkten, zunehmend subjektiver werdenden Blick des Ich-Erzählers und damit der vermittelnden Instanz transportiert wird. In seiner Sichtweise schwankt Johanna zwischen Heiliger und Hure, die „blühende[n] Kakteen", „Marienbildern gleich"[276] sind wohl auch als Bild für sie zu sehen:

> Sie bewegte sich, egal welche Musik lief, als hätte sie Jahre darauf warten müssen. Ihr Tanz war ein Gebet auf weißen Stilettos. Mich hielt sie nicht für nötig. Hatte mich vergessen. Betete allein. Ich war ihr dankbar dafür.[277]

Schon zu Beginn ihrer Bekanntschaft vergleicht er sie mit „eine[r] Heilige[n] auf praeraffaelitischen Gemälden"[278]. Die zwischen beiden Extremen schwankende Einschätzung Johannas ist nicht nur durch die Sichtweise des Ich-Erzählers bedingt, sondern wird von Johanna selbst forciert. Gibt sie sich einmal nervös, schutzbedürftig und zurückhaltend, pendelt sie ohne erkennbaren Grund zum anderen Extrem und wird angriffig und obszön, sodass nie eindeutig klar wird, ob sie nun auf der Suche nach einem „Heiland" oder einem „Galan"[279] ist.

Der Wahnsinn ergänzt die Motive Eros und Thanatos. Wahnsinn, Sexualität und Tod stehen in einer Wechselwirkung und verbinden sich immer wieder mit dem Leitmotiv des Schmerzes, doch der Einsatz der Motive, insbesondere des Wahnsinns, scheint nur der Funktion zu dienen, die filmisch anmutende Handlung[280] effektvoll voranzutreiben. Die Motive sind logisch kombiniert, trotzdem gelingt es nicht, eine tiefere Reflexion hervorzurufen. Der Eindruck des Leinwand-Thrillers, eines literarisch ausformulierten Drehbuchs, führt zu einer visuellen

276 Ebd., S.60.

277 Ebd., S.60.

278 Ebd., S.26.

279 Ebd., S.34.

280 Vgl.: Peuckert: Das seelische Duell. Frankfurter Rundschau, Ausgabe 68, S.6.

Lektüre, welche die Ebene der Reflexion überlagert. Der Wahnsinn, als eigentlich zentrales Thema, erscheint instrumentalisiert im Dienste der Spannung und droht dadurch in ein triviales Krimi/Thriller-Schema abzugleiten. Die gesellschaftliche und soziale Konstruiertheit des Wahnsinns ist zwar implizit erschließbar und oftmals ist eine implizite Kritik die stärkste, in der *Schmerznovelle* stehen aber deutlich andere Elemente im Vordergrund. Die Beschreibung der plötzlichen Persönlichkeitswechsel zwischen Johanna und ihrem toten Ehemann verstärken den filmischen Eindruck. Was bei geschickter filmischer Umsetzung möglicherweise funktioniert, wirkt hier eher unfreiwillig komisch, auch wenn Krausser ansonsten Komik sehr gezielt einsetzt:

> „Warum tust du das?"
>
> Sie antwortete mit tiefer gelegter Stimme.
>
> „*Ich* tue das."[281]

Die Gründe für Johannas Wahnsinn bleiben im Dunkeln, die Figur kommt wie aus dem Nichts, was zu ihrer selbstzerstörerischen Beziehung zu ihrem Mann und ihrem ausgeprägten masochistischen Verhalten geführt hat, wird nicht einmal angedeutet, auch darin liegt der Unterschied zu Schnitzler. Der Fokus liegt auf der Irreführung des Lesers, der Frage, ob Johanna ihren Ehemann ermordet hat oder ob es Selbstmord war, ob sie an einer Persönlichkeitsspaltung leidet oder ob ihr Mann tatsächlich in ihr weiterlebt, und der nicht ausgesprochenen, sich dem Leser durch geschickt platzierte Hinweise aber automatisch aufdrängenden, finalen Frage, ob sich die vom Ich-Erzähler geschilderte Selbsttötung Johannas tatsächlich so zugetragen hat oder ob er sie ermordet hat. Der Schluss scheint einen Hinweis darauf zu geben:

> Man gab sich mit meinen Erklärungen zufrieden. Ich unterschrieb das Protokoll. Es reduzierte den Sachverhalt auf einen lapidaren Suizid.
>
> Ist der Suizid lapidar? Steht unter jedem Schlußstrich eine Summe?[282]

Die Summe der Hinweise lässt die Möglichkeit des Mordes zumindest als möglich und plausibel erscheinen. Schlussendlich lässt der Ich-Erzähler den Leser im Unklaren, die Form des Textes als Rechtfertigungsschrift gegenüber der Polizei, könnte ebenso dazu dienen, von seiner Täterschaft abzulenken.

Und wieder treffen zwei sich ergänzende, männlich und weibliche konnotierte Gegensatzpaare aufeinander: In *Fräulein Else* sind es der Voyeur und die Exhibitionistin, in der Schmerznovelle trifft männlicher

---

281 Krausser: Schmerznovelle, S.92.

282 Ebd., S.141.

Sadismus auf weiblichen Masochismus. Doch es ist kein individueller Sadismus, sondern ein kollektiver, der sich beinahe beim gesamten männlichen Figurenpersonal äußert: beim Ich-Erzähler in seinen Gewaltphantasien und seinem aggressivem Verhalten, nicht nur Johanna, auch Silvia gegenüber. Ralf Palm demütigt seine Frau und stellt sie anderen Männern wie einen Gegenstand zum sexuellen Gebrauch zur Verfügung, die Mitglieder von Palms Schauspieltruppe greifen gerne zu, später die Dorfbonzen im hauseigenen Sadomaso-Kabinett. Der Sadist und die Masochistin repräsentieren zugespitzte, radikalisierte Geschlechterstereotype: männliche Aktivität, Aggressivität und sexuelle Potenz treffen auf weibliche Passivität, Duldsamkeit und sexuelle Verfügbarkeit. Ob Johannas Erzählungen den Tatsachen entsprechen, bleibt aber fragwürdig, leidet ihre Glaubwürdigkeit doch unter ihrer Geisteskrankheit. Auch der Ich-Erzähler findet keine tatsächlichen Beweise: „Brandnarben von angeblich auf ihr ausgedrückten Zigaretten fand ich nirgends."[283]

Die Gender-Theorie will nicht so recht greifen in Kraussers *Schmerznovelle*. Oder doch? Schließt man die immerhin angedeutete Möglichkeit eines tatsächlichen Weiterlebens Ralf Palms in seiner Frau einmal aus, leidet Johanna Palm an einer schizophrenen Persönlichkeitsspaltung und glaubt, in zwei Personen gespalten zu sein, in einen Mann und in eine Frau. Doch genau dadurch scheint eine Anwendung der Gender-Theorie unmöglich, handelt es sich doch nicht um eine Spaltung in auf der einen Seite männliche, auf der anderen Seite weiblich konnotierte Verhaltensweisen, sondern um eine imaginierte Spaltung in Mann und Frau. Drehte es sich nur um das Auftreten von männlichen (also Männern zugeschriebenen) und weiblichen (also Frauen zugeschriebenen) Eigenschaften, so wäre diese Spaltung unabhängig vom biologischen Geschlecht (sex) zu sehen. Doch Johannas Verhalten orientiert sich tatsächlich an einem real existierenden Mann und einer real existierenden Frau. Insofern werden die sozial antrainierten Geschlechterrollen nur imitierend übernommen, Johannas männliche Verhaltensweisen sind nicht Teil ihres individuellen Charakters und sind in diesem speziellen Fall tatsächliche Anzeichen des Wahnsinns. Die Schauspielerin Johanna übernimmt nicht einfach männliche Verhaltensweisen, sie scheint einen Mann, ihren Mann, zu spielen, so gut, dass der Ich-Erzähler vergisst, mit einer Frau zu sprechen:

> Obwohl die ganze Zeit Johanna mit mir geredet hatte, hatte ich irgendwann vergessen, gegenüberzusitzen, so suggestiv, so eindringlich klang, was aus ihrem Mund kam, nach ihm. Wie er über das Zeichnen

283 Ebd., S.131.

> als Annäherung an das Wesentliche, immanent Theomantische sprach, fachkundig, inbrünstig, oder über die freie Liebe in den von ihm gegründeten Kommunen – wer mir zuvor gesagt hätte, eine Frau könne sich derart in zutiefst maskuline Positionen hineindenken, ohne mit irgendeinem Nebenton unstimmig zu wirken, den hätte ich für, für –[284]

Beschreibt der Ich-Erzähler die Persönlichkeit Ralf Palms, so tut er das auf der Ebene der Vernunft und versieht ihn mit Attributen wie „sehr sachlich, sehr nüchtern"[285], abermals männlich konnotierte Eigenschaften, Johanna hingegen wird auf emotionaler Ebene definiert, einmal als anhänglich und verletzlich, dann als kokett und sexuell fordernd, dem stereotypen Schema Heilige und Hure folgend. Beinahe immer bleibt die Beschreibung Johannas auf ihr Verhalten in einem sexuellen Kontext stecken. Ein Aufbegehren Johannas gegen die von ihr geforderte Rolle findet nicht statt, falls die Ermordung ihres Ehemannes ein solches sein sollte, so ist es erfolglos. Nach seinem Tod übernimmt sie die Positionen Ralfs einfach selbst und vereint männlichen Sadismus und weiblichen Masochismus in einer Person, es bleibt der Sadismus eines Mannes und der Masochismus einer Frau. Ihre untertänige und abhängige Position wird von ihr nicht abgelehnt, sondern bestätigt: „Du bist der Mann. Du bist da, um mich zu heilen."[286] Es scheint fast, als verliehen die Geschlechterrollen Johanna eine Sicherheit, sind diese doch kalkulierbar und können so manipuliert werden:

> Ich glaube, daß sie darauf wartete, genommen zu werden und durch meine Passivität verunsichert wurde. Manchmal sah sie in mir den Arzt, mal den kuriosen Abenteurer, aber am wohlsten fühlte sie sich, wenn sie mein Begehren spürte. Das drängte alle Probleme, deren sie sich nur zeitweise bewusst war, in den Hintergrund, beschäftigte ihr Ego, verlieh ihr Macht.[287]

Und doch ist es eine Frau, die diesen männlichen, aggressiven Wahnsinn produziert, und keine physiologische Prädisposition des Mannes zu gewalttätigem Verhalten kann dafür verantwortlich gemacht werden, selbst wenn es sich um die Imitation eines solchen handelt. Zum Teil reiht sie sich damit in die lange Reihe mordender Frauen der (meist trivialen) Kriminalliteratur ein, Mörderinnen, die aus Rache handeln, für Verbrechen, die an ihnen aufgrund ihres Geschlechts begangen wurden. Denn ein Opfer sexueller Gewalt ist sie, wie aus ihren Erzählungen hervorgeht:

---

284 Ebd., S.67.

285 Ebd., S.64.

286 Ebd., S.75.

287 Ebd., S.124.

> Johanna erzählte, sie habe der gesamten Truppe – acht Leute, davon sechs Männer – es einmal mit dem Mund besorgen müssen, Ralf hätte sie seine „kleine Nutte“ genannt, und als sie der einzigen Frau im Ensemble mit der Zunge mühsam einen Orgasmus verschafft habe, wäre er so stolz auf sie gewesen, daß er schreiend vor Glück auf die Straße gelaufen sei und immer wieder geschrien habe: Das Tier! Das Tier! Das Tier![288]

Doch diese unerträglich wirkende Erniedrigung durch den eigenen Mann wird gebrochen durch die Weigerung Johannas, sich selbst als Opfer zu fühlen oder sich als solches darzustellen und bewirkt eine Provokation des Leser, der sich seiner Möglichkeit zur Empathie beraubt sieht, denn Mitleid ist nur möglich, wenn sich ein Opfer auch wie ein solches verhält:

> „Gott weiß wer hat mich so gefickt, nächtelang. Ralf holte Leute von der Straße, bot mich ihnen an. Und mehr als die Hälfte hat es sich nicht entgehen lassen, in mich abzuspritzen, selbst wenn Ralfs gesamte Truppe dabei zusah.“
>
> Sie sagte es ohne Bitterkeit, wie man von einem Wanderausflug erzählt, der recht nett gewesen sein muß.
>
> „Erstaunlich, geschah das gegen deinen Willen?“
>
> „Blödsinn. Ralf würde nie etwas gegen meinen Willen tun.“[289]

Eine Heilung von ihrer masochistischen Besessenheit von Ralf ist nicht möglich, der Tod der Figur erscheint als logische Konsequenz. Am finalen Höhepunkt versucht Johanna, den Ich-Erzähler zu töten, und wird von Ralf davon abgehalten. Die Aussagen, die Ralf über seine Frau macht, scheinen die zutreffendste Analyse zu sein, eine Reflexion, zu der sie als Johanna nicht möglich ist:

> „Es kann alles gut werden, hören Sie? Johanna wollte mir nichts tun.“
>
> „Sie kennen diese Frau ja nicht. Sie war einmal ein Engel. Erst ich habe sie zur Teufelin gemacht. Das geht. Es ist ein Zaubertrick unter Himmlischen.“[290]

Und Johanna, gerade noch „mitleidheischend, süß, erregend“[291] wird zur Furie. Die Aggressivität kommt diesmal vom weiblichen Part, es ist der Wahnsinn einer Besessenen, die alles vernichtet, was ihr im Weg steht. Das Objekt ihrer Besessenheit ist, wie könnte es anders sein, ein

---

288 Ebd., S.75.

289 Ebd., S.72.

290 Ebd., S.137.

291 Ebd., S.133.

Mann, doch dieser, selbst als imaginierte Persönlichkeit noch männlich abgeklärt und sadistisch, bewahrt seinen Geschlechtsgenossen und tötet Johanna, zumindest in der Darstellung des Ich-Erzählers:

> Ich schrie vor Schmerz so laut, daß ich Ralf Palms letzte Worte kaum verstand. Ich glaube, er sagte schlicht Auf Wiedersehen. Und lachte. Setzte das Messer an Johannas Kehlkopf und stach zu. Trieb es mit einem gewaltigen Stoß quer durch den ganzen Hals, bis es am Nacken heraustrat. Binnen Sekunden schwamm das Schlafzimmer in Blut.[292]

Hier greift der Ich-Erzähler zu einem geschickten Trick. Nur auf den ersten Blick bekommt man den Eindruck, dass es Ralf ist, der zusticht, durch das Weglassen des Subjektes bleiben aber alle Möglichkeiten offen, beide Teile von Johannas Persönlichkeit sowie der Ich-Erzähler selbst kommen als Täter in Frage.

4.3. Zusammenfassung

„Krausser hat seine Schriftstellerseele längst an den Film verkauft"[293], schreibt Tom Peuckert und die Lektüre der *Schmerznovelle* gibt ihm Recht. Der auf Visualisierung ausgerichtete Erzählstil zielt auf Effekte ab und überlagert eine kritische Lesart. Die Perspektive des ins Geschehen involvierten Ich-Erzählers stellt eine subjektive Außensicht auf den Wahnsinn dar. Da es sich bei der erzählenden Figur um einen Psychiater handelt, wird die Diskurshoheit durch die deutliche Unzuverlässigkeit auf Erzählebene und inhaltlich durch das unprofessionelle Verhalten in Frage gestellt. Der Wahnsinn der weiblichen Hauptfigur Johanna besteht in einer Persönlichkeitsspaltung in einen Mann und eine Frau. Eine soziale Konstruiertheit der Geschlechter wird zwar angedeutet, kommt aber schlussendlich nicht zum Tragen, da die männlich geprägten Verhaltensweisen Johannas eine Imitation eines ‚realen' Mannes sind. Der weibliche Wahnsinn äußert sich außerdem in einem extremen Masochismus, der wiederum weiblich geprägt ist und einem männlichen Sadismus entgegensteht. Das Schwanken zwischen den Extremen, zwischen Aktivität und Passivität, zwischen den femininen Stereotypen, deren äußerste Pole die Heilige und die Hure repräsentieren, deutet ebenfalls auf eine Persönlichkeitsspaltung hin, zu der Frauen gezwungen sind. Der Wahnsinn erscheint bei Krausser instrumentalisiert im Dienste der Spannung und Provokation, eine Kritik, wie sie die anderen behandelten Texte teils sehr explizit vermitteln, findet nur implizit statt. Die subjektive Erzählperspektive ermöglicht die Darstel-

---

292 Ebd., S.139.

293 Peuckert: Das seelische Duell. Frankfurter Rundschau, Ausgabe 68, S.6.

lung provokanter und stereotypisierender Weltsichten, zumal der Ich-Erzähler eine Distanz zum Leser aufbaut und nicht als Identifikationsfigur dient. Gerade die intendierte Nicht-Identifikation kann als Aufforderung zur Reflexion gesehen werden.

V. Abschließende Zusammenfassung und Vergleich

Wahnsinn und Weiblichkeit stehen in Wechselwirkung und haben einige Gemeinsamkeiten: Beide sind konstante Faktoren gesellschaftlicher Unterdrückungsmechanismen. Sie werden aus dem Diskurs ausgeschlossen und sind dadurch machtlos, beide sind – neben medizinischen beziehungsweise biologischen Realitäten – soziale Konstrukte. Die Entwicklung über die Jahrtausende lässt sich gemeinsam verfolgen, immer wieder kommt es zu Verknüpfungen und wechselseitiger Beeinflussung, als prägnantestes Beispiel sind die Hexenverbrennungen und der Kult um die Hysterikerin rund um die Jahrhundertwende zu nennen. Der Wahnsinn gilt als die totale, die Frau als die personifizierte Unvernunft, lange Zeit reichte das als Rechtfertigung für die gesellschaftliche Entrechtung und Entmündigung im Diskurs der Macht. Die Offenlegung der Denunzierung des Wahnsinns als aktives Machtinstrument, zum Beispiel durch Foucaults *Wahnsinn und Gesellschaft*, findet in der Gender-Theorie ihr Pendant. So wie die Diskurshoheit genutzt werden kann, um den Wahnsinn zu definieren und dadurch auszugrenzen, wird sie auch genutzt zur Absolut-Setzung des biologischen Geschlechts, ohne Berücksichtigung von Individualität und sozial konstruiertem Geschlecht.

In der Literaturgeschichte gibt es deutliche Tendenzen zur Stereotypisierung weiblicher Figuren und, damit verbunden, des weiblichen Wahnsinns, welche sich oft an großen, individuellen Figuren orientieren und diese unter verschiedenen Namen und mit unterschiedlichen Gesichtern reproduzieren. Solche Vorbildfiguren stammen aus der griechischen Tragödie und tragen Namen wie Medea, Medusa und Cassandra, auch Shakespeares Frauenfiguren wie die machthungrige Lady Macbeth und die unglückliche Ophelia haben eine Eigendynamik entwickelt und wurden zu literarischen Motiven. Die *femme fragile* und die *femme fatale* bilden die Pole, zwischen denen sich die Darstellung weiblichen Wahnsinns bewegt. Während die *femme fragile* sich durch Passivität auszeichnet und sich nur durch einen Mann definiert, zu dem sie dann oft im Liebeswahn entbrennt, neigt die *femme fatale* zum Bruch mit tradierten Geschlechterrollen, ist aktiv und unabhängig, was ihr ebenfalls meist nicht gut bekommt. So sind beide Kandidatinnen für ein frühzeitiges Ableben. Die Hysterikerin schließlich definiert sich durch die Übererfüllung gesellschaftlich geforderter Weiblichkeit, sie ist Produkt einer Gesellschaft, der sie nicht entsprechen kann. Die wirklich starken und in Erinnerung bleibenden weiblichen Wahnsinnsfiguren zeichnen sich durch Individualität aus, weshalb zur Werkanalyse neben zwei anderen ganz bewusst zwei kanonische Texte ausgewählt wurden.

Die behandelten Werke umspannen einen Zeitraum von über 120 Jahren, wobei die Modernität der Texte nicht unbedingt von ihrer Entstehungszeit abhängig ist, so haben Teilaspekte des ältesten Textes, Henrik Ibsens *Nora oder Ein Puppenheim*, immer noch Brisanz. Die Vorstellung, dass eine Frau nicht nur ihren Mann, sondern auch ihre Kinder verlässt, könnte auch heute noch als Provokation gesehen werden. Eine eindeutige historische Entwicklung in der Darstellung weiblichen Wahnsinns lässt sich nicht feststellen, Besonderheiten und Schwerpunkte lassen sich eher auf die individuellen Präferenzen der einzelnen Autoren zurückführen. Drei der vier behandelten Autoren sind männlich, was die feministische Komponente der Texte in Darstellung und Wirkung nicht einzuschränken scheint. Im Gegenteil weisen besonders die Texte von Ibsen und Schnitzler einen deutlich emanzipatorischen Ansatz auf. Die literaturhistorischen Stereotype der *femme fragile* und der *femme fatale* lassen sich in beinahe allen Texten finden, meist jedoch in bewusster Anwendung, um dann einen Bruch herbeizuführen, eine Individualisierung, die kein widerstandsloses Befolgen weiblicher Geschlechterrollen mehr zulässt. Nora verweigert sich der ihr zugedachten Rolle und gibt sich damit bewusst der gesellschaftlichen Ächtung preis, Else Verweigerung äußert sich in hysterischer Übererfüllung von Weiblichkeit und endet (höchstwahrscheinlich) mit ihrem Tod. Im Mittelpunkt der gesellschaftlichen Kritik steht nicht die Ausgrenzung des Wahnsinns, sondern die patriarchale Unterdrückung von Frauen, der Wahnsinn erscheint als Folgeerscheinung davon. Anders in Lavants *Aufzeichnungen aus einem Irrenhaus*: Kritik am Umgang mit Frauen wird zwar deutlich, auch die besondere Situation von Patientinnen, der Fokus auf das unmenschliche System Psychiatrie lässt sich aber geschlechtsunabhängig lesen. Einzig die zahlreichen Stereotypen in Kraussers *Schmerznovelle* bleiben ungebrochen, der weibliche Wahnsinn als Schwanken zwischen Masochismus und Aggression wirkt stark vereinfachend, was durch die Distanz zum Ich-Erzähler und dessen Subjektivität aber relativiert wird. Eine Gemeinsamkeit aller Texte ist die starke Verbindung von Wahnsinn und Tod: Ibsens *Nora* kann rechtzeitig die Notbremse ziehen und entgeht Wahnsinn und Selbstmord, auch die Ich-Erzählerin aus den *Aufzeichnungen aus einem Irrenhaus* überlebt einen Selbstmordversuch. Für die tragische Else dagegen gibt es keine Rettung, konsequenterweise, ist sie doch die einzige Sympathieträgerin in einer doppelbödigen und korrupten Gesellschaft, die kein Anzeichen von Einsicht zeigt. Ob Selbstmord oder doch Mord bleibt offen in der Schmerznovelle, wie der Wahnsinn scheint auch der Tod Johannas im Dienste des Effekts zu stehen. In allen Texten wendet sich der weibliche Wahnsinn nach innen und äußert sich in Selbstverletzung oder -zerstörung.

Die Hysterikerin ist vor allem in den beiden frühen Texten präsent, hat aber auch in der späteren Darstellung ihren Einfluss noch nicht ganz verloren, wenn auch unter anderem Namen. Aus der Außensicht wird Wahnsinn durch die Nicht-Erfüllung gesellschaftlicher Rollen definiert, im Falle der Frau sind dies überwiegend Geschlechterrollen, definiert, aus der Innensicht ist der Wahnsinn ein Verlust von Individualität, oft ausgelöst durch die Unfähigkeit den gesellschaftlichen Anforderungen Folge zu leisten.

VI. Bibliographie

Primärliteratur

Ibsen, Henrik: Nora oder Ein Puppenheim. Frankfurt am Main: Fischer Taschenbuch 2008.

Ibsen, Henrik: Hedda Gabler. Frankfurt am Main: Fischer Taschenbuch 2008.

Krausser, Helmut: Hamburg: Rowohlt 2006.

Lavant, Christine: Aufzeichnungen aus einem Irrenhaus. Wien: Otto Müller 2001.

Schnitzler, Arthur: Fräulein Else. Stuttgart: Reclam 2001.

Shakespeare, William: Hamlet. (Übersetzt von A.W. Schlegel) Stuttgart: Reclam 1997.

Shakespeare, William: Macbeth. (Übersetzt von Dorothea Tieck) Stuttgart: Reclam 2001.

Forschungsliteratur:

Alfermann, Dorothee: Geschlechterrollen und geschlechtstypisches Verhalten. Stuttgart u.a.: Kohlhammer 1996.

Apel, Friedmar: Die Kriminalpolizei rät: Vorsicht vor dem Doktor! In: Frankfurter Allgemeine Zeitung, 20.3.2001, Ausgabe 67, S.L3. Zitiert nach: Innsbrucker Zeitungsarchiv.

Aurnhammer, Achim: Lieutenant Gustl. In: Kim, Hee-Ju/Saße, Günter (Hg): Arthur Schnitzler. Dramen und Erzählungen. Stuttgart: Reclam 2007. (S.69 - 88).

Beauvoir, de Simone: Das andere Geschlecht. In: Schwarzer, Alice: Simone de Beauvoir. Ein Lesebuch mit Bildern. Hamburg: Rowohlt 2007. (S. 159 – 189).

Becker, Sabine: Dr. Gräsler, Badearzt. Seelisches Gleichmaß zwischen Heiliger und süßem Mädel. In: Kim, Hee-Ju/Saße, Günter (Hg): Arthur Schnitzler. Dramen und Erzählungen. Stuttgart: Reclam 2007. (S.159 – 172).

Beglinger, Johanna: Von der Antipsychiatrie zur Statt-Psychiatrie. In: Pathos, Psychose, Pathologie: der weibliche Wahnsinn zwischen Ästhetisierung und Verleugnung. Wien: Wiener Frauenverlag 1994, (S.159 – 169).

Bertoluzza, Eva/Gitzl, Martina/Ralser, Michaela: Der weibliche Wahnsinn zwischen Ästhetisierung und Verleugnung. In: Pathos, Psychose, Pathologie: der weibliche Wahnsinn zwischen Ästhetisierung und Verleugnung. Wien: Wiener Frauenverlag 1994, (S.11 – 31).

Boetticher, von Dirk: Meine Werke sind lauter Diagnosen. Über die ärztliche Dimension im Werk Arthur Schnitzlers. Heidelberg: Universitätsverlag C. Winter Heidelberg 1999.

Bolt, Sidney: Shakespeare, Hamlet. A critical Study. Harmondsworth: Penguin Books 1985.

Bopp, Jörg: Antipsychiatrie. Theorien, Therapien, Politik. Frankfurt am Main: Syndikat 1982.

Bronfen, Elisabeth: Nur über ihre Leiche. Tod, Weiblichkeit und Ästhetik. München: Verlag Antje Kunstmann 1992.

Butler, Judith: Das Unbehagen der Geschlechter. Frankfurt am Main: Suhrkamp 2003.

Chesler, Phyllis: Frauen – das verrückte Geschlecht? Hamburg: Rowohlt Taschenbuch Verlag 1982.

Coleridge, S.T.: Marginalia on Macbeth. In: Wain, John (Hg.): Shakespeare. Macbeth. A Casebook. Houndmills u.a.: The Macmillian Press 1994. (S. 84 – 97).

Damblemont, Gerhard: La féminité dévorante: Nana, Renée, Salomé, Lilith und ihre Schwestern im französischen Fin de siècle Drama. In: Blänsdorf, Jürgen (Hg.): Die femme fatale im Drama. Heroinen – Verführerinnen – Todesengel. Tübingen: Francke Verlag 1999. (S.81 – 97).

Dinzelbacher, Peter: Heilige oder Hexen. Schicksale auffälliger Frauen. Düsseldorf: Patmos Verlag 2004.

Duda, Sibylle/ Pusch Luise (Hg.): Wahnsinnsfrauen. Frankfurt am Main: Suhrkamp 1992.

Eckart, Wolfgang: Vom Wahn zum Wahnsinn. Anmerkungen zur Begriffsgeschichte einer Störung der Wahrnehmung in Medizin- und Kulturgeschichte vom Mittelalter bis ins frühe 20. Jahrhundert. In: Leopold, Silke/Speck, Agnes (Hg): Hysterie und Wahnsinn. Heidelberger Frauenstudien Bd.7. Heidelberg: Das Wunderhorn 2000, (S.10 – 31).

Foucault, Michel: Die Ordnung des Diskurses. Frankfurt am Main: Fischer Verlag 2003.

Freud, Sigmund: From ‚Some Character-types met with in Psychoanalytical Work'. In: Wain, John (Hg.): Shakespeare. Macbeth. A Casebook. Houndmills u.a.: The Macmillian Press 1994. (S.139 – 147).

Foucault, Michel: Sexualität und Wahrheit. 2.Bd. Vom Gebrauch der Lüste. Frankfurt am Main: Suhrkamp Taschenbuch 1989.

Foucault, Michel: Wahnsinn und Gesellschaft. Eine Geschichte des Wahns im Zeitalter der Vernunft. Frankfurt am Main: Suhrkamp Taschenbuch Verlag 1973.

Friedan, Betty: Der Weiblichkeitswahn oder die Selbstbefeiung der Frau. Ein Emanzipationskonzept. Hamburg: Rowohlt Taschenbuch Verlag 1970.

Glaser, Inge: Christine Lavant: eine Spurensuche. Wien: Verl. Ed. Praesens 2005.

Hilmes, Carola: Die Femme fatale. Ein Weiblichkeitstypus in der nachromantischen Literatur. Stuttgart: J.B. Metzler 1990.

Honegger Claudia/Heintz Bettina (Hg.): Listen der Ohnmacht: Zur Sozialgeschichte weiblicher Widerstandsformen. Frankfurt am Main: Europäische Verlagsanstalt 1981.

Keel, Aldo (Hg.): Erläuterungen und Dokumente. Henrik Ibsen. Nora (Ein Puppenheim). Stuttgart: Reclam 1990.

Keel, Aldo: Risse im Puppenheim. Nora. In: Interpretationen: Ibsens Dramen. Stuttgart: Reclam 2005. (S.69 – 88).

Klüger, Ruth: Schnitzler Damen, Weiber, Mädeln, Frauen. Wiener Vorlesungen im Rathaus Bd. 79. Wien: Picus Verlag 2001.

King, Vera: Selbstverlust und Selbstbehauptung – Metamorphosen der Hysterie. In: Leopold, Silke/Speck, Agnes (Hg.): Hysterie und Wahnsinn. Heidelberger Frauenstudien Bd.7. Heidelberg: Das Wunderhorn 2000, (S.31 – 63).

Knoll, Monika: Die Femme fragile. Ein Frauentypus im Wien der Jahrhundertwende. Innsbruck: 1988.

Koch-Kanz, Swantje/ Pusch, Luise F.: Johanna die Wahnsinnige. In: Wahnsinnsfrauen. Frankfurt am Main: Suhrkamp 1992. (S.12 – 45).

Konersmann, Ralf: Der Philosoph mit der Maske. Michel Foucaults L'ordre du discours. In: Foucault, Michel: Die Ordnung des Diskurses. Frankfurt am Main: Fischer Verlag 2003. (S. 51 – 94).

Kronberger, Silvia: Die unerhörten Töchter. Fräulein Else und Elektra und die gesellschaftliche Funktion der Hysterie. Innsbruck: Studien Verlag 2002.

Kunisch, Peter: Ein Rosenkranz, fünf Gottseiverflucht. In: Die Zeit 19/2002. (S.45 – 46). [http://www.zeit.de/2002/19/200219 l-lavant.xml].

Lehmann, Peter: Antipsychiatrie. www.antipsychiatrieverlag.de/artikel/recht.antipsychiatrie.htm. (abgerufen am 12.2.2008)

Le Rider, Jacques: Arthur Schnitzler oder Die Wiener Belle Époque. Wien: Passagen Verlag 2007.

Long, Michael: Macbeth. Twayne's new critical introductions to Shakespeare, Nr.9. Boston: Twayne Publishers 1989.

Miklautz, Monika: Hysterisch oder liebeskrank? Die Übertragungsliebe bei Hysterikerinnen. München: Ernst Reinhardt Verlag 1998.

Neuhaus, Stefan: Sexualität im Diskurs der Literatur. Tübingen, Basel: Francke Verlag 2002.

Neymeyr, Barbara: Fräulein Else. Identitätssuche im Spannungsfeld von Konvention und Rebellion. In: Kim, Hee-Ju/Saße Günter (Hg): Arthur Schnitzler. Dramen und Erzählungen. Stuttgart: Reclam 2007. (S.190 – 209).

Pankau, Johannes: Nachwort. In: Schnitzler, Arthur: Fräulein Else. Stuttgart: Reclam 2002.

Peuckert, Tom: Das seelische Duell. Von erlesener Morbidität: Helmut Kraussers Schmerznovelle. In: Frankfurter Rundschau, 21.3.2001, Ausgabe 68, S.68. Zitiert nach: Innsbrucker Zeitungsarchiv.

Plesch, Bettina: Die Heldin als Verrückte. Frauen und Wahnsinn im englischsprachigen Roman von der Gothic Novel bis zur Gegenwart. Pfaffenweiler: Centaurus 1995.

Prutti, Brigitte: Weibliche Subjektivität und das Versagen des sanften Patriarchen in Schnitzlers „Fräulein Else“. In: Orbis Litterarum 59. Blackwell Munksgard 2004. (S.159-187).

Pusch, Luise: Psychisches Trauma – Leiden der Machtlosen. In: Duda, Sibylle: Wahnsinnsfrauen. Frankfurt am Main: Suhrkamp 1992. (S.390 – 400).

Salkeld, Duncan: Madness and drama in the age of Shakespeare. Manchester: Manchester University Press 1993.

Schaps, Regina: Hysterie und Weiblichkeit. Wissenschaftsmythen über die Frau. Frankfurt/Main, New York: Campus Verlag 1992.

Schlichter, Annette: Die Figur der verrückten Frau. Weiblicher Wahnsinn als Kategorie der feministischen Repräsentationskritik. Tübingen: edition diskord 2000.

Schmidbauer, Wolfgang: Der hysterische Mann. Eine PsychoAnalyse. Frankfurt am Main: Fischer Taschenbuch 2001.

Showalter, Elaine: Hystorien. Hysterische Epidemien im Zeitalter der Medien. Berlin: Berlin Verlag 1997.

Showalter, Elaine: The Female Malady. Women, Madness and English Culture, 1830-1980. London: Virago Press 2004.

Smith-Rosenberg, Carroll: Weibliche Hysterie. Geschlechtsrollen und Rollenkonflikt in der amerikanischen Familie des 19. Jahrhunderts. In: Honegger Claudia/Heintz Bettina (Hg.): Listen der Ohnmacht: Zur Sozialgeschichte weiblicher Widerstandsformen. Frankfurt am Main: Europäische Verlagsanstalt 1981 (S.276 – 301).

Stein, Gerd (Hg.): Femme fatale – Vamp – Blaustrumpf. Sexualität und Herrschaft. Kulturfiguren und Sozialcharaktere des 19. und 20. Jahrhunderts Bd.3. Frankfurt am Main: Fischer Taschenbuch 1985.

Steinsieck, Annette/Schneider, Ursula: Nachwort: Out of Biography. In: Lavant: Aufzeichnungen aus einem Irrenhaus. Wien: Otto Müller 2001. (S.122 – 151).

Stuby, Anna Maria: Liebe, Tod und Wasserfrau. Mythen des Weiblichen in der Literatur. Wiesbaden: Westdeutscher Verlag 1992.

Studer, Liliane: Ellen West. Das Leben lastet wie eine Wolke auf mir. In: Wahnsinnsfrauen. Frankfurt am Main: Suhrkamp 1992 (S.226 – 255).

Szasz, Thomas S.: Die Fabrikation des Wahnsinns. Gegen Macht und Allmacht der Psychiatrie. Frankfurt am Main: Fischer Taschenbuch Verlag 1976.

Taferner, Uli: Die vielen Gesichter der Christine Lavant. In: Rußegger, Arno/Strutz, Johann (Hg.): Profile einer Dichterin. Beiträge des 2. Internationalen Christine-Lavant-Symposiums Wolfsberg 1998. Salzburg, Wien: Otto Müller Verlag 1998 (S.143 – 165).

Weickmann, Dorion: Rebellion der Sinne. Hysterie – ein Krankheitsbild als Spiegel der Geschlechterordnung (1880 – 1920). Frankfurt am Main: Campus Verlag 1997.

Woolf, Virginia: Ein Zimmer für sich allein. 18.Aufl. Frankfurt am Main: Fischer Taschenbuch 1999.

Zmegac, Victor/Skreb, Zdenko u.a. (Hg.): Kleine Geschichte der deutschen Literatur. Wiesbaden: Marix Verlag 2004

Zeitfracht Medien GmbH
Ferdinand-Jühlke-Straße 7
99095 Erfurt, Deutschland
produktsicherheit@kolibri360.de